ARENA BIBLIOTHEK DES WISSENS

AKTUELL

W0070129

Ludger Schadomsky, geboren 1970 in Ostwestfalen, studierte Afrikanistik und Politikwissenschaft in Köln und Kapstadt. Seit einer Fahrradreise durch halb Afrika 1994 bereist er den Kontinent regelmäßig. Heute leitet er die amharische (äthiopische) Sprachredaktion der Deutschen Welle in Bonn. Er hat drei Söhne, die sich hoffentlich auch eines Tages vom Afrika-Fieber anstecken lassen.

Uta Bettzieche, geboren 1966, studierte an der Hochschule für Grafik und Buchkunst in Leipzig und am Pratt Institut in New York. Heute ist sie als freie Illustratorin für verschiedene Verlage tätig und wurde 2003 mit dem Preis der Stiftung Buchkunst ausgezeichnet.

Ludger Schadomsky

Afrika
Ein Kontinent im Wandel

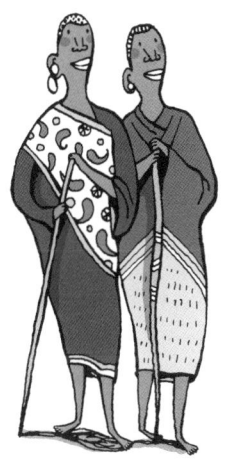

Arena

Inhalt

Einführung

Afrika betört die Sinne. Durch das offene Fenster des Taxis, das man am Flughafen besteigt – und das oft nicht klimatisiert ist –, dringt der Geruch von süßen Mangos und verbranntem Müll. Die Augen gewöhnen sich nur mühsam an das gleißende Licht. Wenn sie es einmal getan haben, dann geht die Sonne um 18 Uhr schon wieder unter. Afrikanische Nächte sind lang – und voller Geräusche: Auf dem Land zirpen Grillen und quaken Ochsenfrösche, in den Städten wird mit Einbruch der Abendkühle flaniert. Dann werden scheppernde Boxen an Autobatterien angeschlossen und die Bässe hochgeregelt. Es riecht nach Grillfleisch und dem Kerosin der Lampen, die die fehlenden Straßenlaternen ersetzen. Der bei uns wichtige körperliche Abstand zu anderen Menschen ist weitgehend unbekannt. Ob am Busbahnhof, am Geldschalter oder auf dem Markt: Es wird munter gedrängelt und geschubst, in den überfüllten Bussen und Taxis sitzt man eher auf dem Schoß des Nachbarn als daneben.

Fast eine Milliarde Afrikaner leben in 53 Ländern – und die meisten von ihnen sind ständig in Bewegung. Immer gibt es irgendwo eine Familienfeier zu besuchen, Waren werden gekauft und verkauft, Wanderarbeiter müssen ihre Arbeitsplätze erreichen. Die Fortbewegungsmittel der Wahl sind dabei: das Fahrrad (made in China!), ein mehr oder weniger verkehrssicheres *Matatu* (Minibus), das *BodaBoda* (Mopedtaxi) – und immer öfter der eigene Mercedes.

Jawohl, Mercedes. Afrikas Mittelschicht wächst rapide – und damit die Lust zu zeigen, dass man Geld hat. Der Besucher aus dem Hightech-Land Deutschland kann sich da mit seinem alten Handy ganz schön blamieren.

Heute ist Afrika „in". Models aus Somalia und Sudan erobern die Laufstege in Paris und Mailand, in großen europäischen Städten eröffnen reihenweise afrikanische Restaurants. Wenn afrikanische Superstars wie Youssour N'Dour aus Senegal einmal im Jahr auf dem Würzburger Africafestival auftreten, dann kommen Fans aus ganz Europa.

Und auch die wundervollen Landschaften lassen das Herz höher schlagen: Der Puderzuckersand auf der Insel Sansibar, die 1.000 Jahre alten Felsenkirchen in Äthiopien, der überwältigende Ngorongoro-Nationalpark in Tansania mit seinem Tierreichtum – das sind nur wenige der unzähligen Naturwunder Afrikas. Doch wie passt das Bild vom Reiseland Afrika zu den „3 K", die dem Kontinent oft angehängt werden: „Krieg, Korruption* und Krankheit"! Diplomaten, Entwicklungshelfer und Auslands-

---

* *Im hinteren Teil dieses Buches gibt es ein Glossar –*
dort sind die Erklärungen zu den Begriffen nachzulesen.

korrespondenten erzählen von Misswirtschaft, Armut, Flüchtlingselend und Aids-Toten. Sie verweisen zum Beispiel auf Ruanda, wo 1994 innerhalb weniger Wochen 800.000 Menschen mit Macheten zerhackt wurden.

Das ist ein Afrika, das verstört. In ihm leben brutale Kriegsherren und korrupte Eliten, die sich die eigenen Taschen füllen und die Menschen hungern lassen. Das macht ratlos und wütend. Waren die Spenden und Entwicklungsgelder, die am Ende in den Taschen von Diktatoren landeten, nicht für Schulen und Krankenhäuser bestimmt?

Unweigerlich pochen die Afrika-Zweifler früher oder später auf die Frage aller Fragen: Asien hat es geschafft, das Erbe der Kolonialisierung* zu überwinden und sich zu entwickeln. Warum schafft es Afrika nicht? Trotz der vielen Bodenschätze? Trotz fruchtbarer Böden und Milliarden Dollar an Entwicklungshilfe? Eine berechtigte Frage, die nicht zuletzt die Afrikaner selbst umtreibt.

Aber Moment: Gibt es die überhaupt – *die* Afrikaner"? Die Antwort kann nur lauten: Nein! Ein arabischsprachiger, muslimischer Marokkaner im äußersten Nordwesten des Kontinents hat mit einem Mosambikaner im Südosten des Kontinents, der Christ ist und portugiesisch spricht, allenfalls das „M" im Namen gemeinsam. Verbindet denn bei uns den Griechen im Süden mit dem Finnen im Norden mehr als der gemeinsame Lebensraum „Europa"?

Doch der Kontinent mit seinen 53 Staaten wächst immer mehr zusammen: Noch vor einigen Jahren flog ein Kenianer aus dem

Osten Afrikas mit der Air France einen Umweg über Paris (in Frankreich), um nach Dakar (im Westen Afrikas) zu gelangen. Heute gibt es Direktverbindungen mit afrikanischen Fluglinien. Nach dem Vorbild der EU soll Afrika in einigen Jahren zu den „United States of Africa", den Vereinigten Staaten von Afrika, zusammengewachsen sein.

Es ist ein Anliegen dieses Buches zu zeigen, dass Afrika und die Afrikaner ihr Schicksal selbst bestimmen wollen. Wer über Afrika forscht und liest, bekommt den Eindruck, es sei ein Kontinent mit dem alle machen, was sie wollen. Er wurde versklavt, kolonialisiert, es bekommt Spenden und Entwicklungshilfe – ob er will oder nicht. Afrika wird oft schwarz oder weiß dargestellt, man sieht entweder Elend oder Exotik. In den folgenden Kapiteln soll es in seiner ganzen Vielfalt und Lebendigkeit präsentiert werden. Mit all seinen mutigen und klugen Köpfen, die die großen Probleme des Kontinents angehen.

Afrika kann uns nicht egal sein. Das liegt auch an seiner geografischen Nähe. Die Somalis, Nigerianer und Eritreer, die in Nussschalen über das Mittelmeer oder den Atlantik setzen und in Italien oder auf den Kanaren landen, lassen sich nicht fernhalten. Und nach allem, was die Wissenschaft derzeit weiß, ist Afrika die Wiege der Menschheit. Wir alle sind Afrikaner – gewissermaßen.

Map labels:

Tunesien (1), Marokko (2), Algerien, Libyen, Ägypten, West-Sahara (3), Mauretanien, Mali, Niger, Tschad, Sudan, Eritrea, Dschibuti, Senegal (4), Gambia (5), Guinea-Bissau (6), Guinea (7), Sierra Leone (8), Liberia (9), Burkina Faso (11), Togo, Elfenbeinküste (10), Ghana (12), Togo, Benin, Äquatorial-Guinea, Kamerun (13), Zentralafrikanische Republik (14), Äthiopien, Gabun (15), Republik Kongo (16), Demokratische Republik Kongo, Uganda (22), Kenia, Somalia (23), Ruanda, Burundi, Tansania, Angola, Sambia, Malawi (19), Mosambik (20), Namibia, Simbabwe (18), Botsuana (17), Madagaskar (21), Südafrika, Swasiland, Lesotho

1 Tunesien
2 Marokko
3 West-Sahara
4 Senegal
5 Gambia
6 Guinea-Bissau
7 Guinea
8 Sierra Leone
9 Liberia
10 Elfenbeinküste
11 Burkina Faso
12 Ghana
13 Kamerun
14 Zentralafrikanische
   Republik
15 Gabun

16 Republik Kongo
17 Botsuana
18 Simbabwe
19 Malawi

20 Mosambik
21 Madagaskar
22 Uganda
23 Somalia

501 – das Original. Die Wiege der Menschheit steht in Afrika

Ein Schrei durchbricht die schläfrige Mittagshitze auf dem Grabungsgelände von Uraha. Er kommt von Tyson Mskika. Seit dem frühen Morgen hat der Afrikaner an einer etwas abgelegenen Stelle vorsichtig die Erdschichten abgetragen. Inzwischen ist es heiß geworden, die Sonne steht im Zenit und brennt erbarmungslos auf das Ausgrabungsteam herab. Geologen und Paläontologen sind ruhige, konzentrierte Menschen, das erfordert der Beruf. Monate-, manchmal jahrelang buddeln sie mit Löffel und Pinsel in der Erde, immer auf der Suche nach alten Knochen, die etwas über den Ursprung des Menschen verraten.

Es ist ein leiser Beruf, da schreit man nicht einfach in der Gegend herum. Es sei denn, man hat einen sensationellen Fund gemacht. Und so ist es gewesen, am 11. August 1991 in Uraha, einem kleinen Dörfchen in dem südostafrikanischen Land Malawi. „Schauen Sie sich das hier mal an, Boss", ruft Tyson Mskika. Sein Ruf gilt dem deutschen Paläoanthropologen Friedemann Schrenk, der schon seit Jahren mit seinem Team in dieser abgelegenen Ecke Afrikas gräbt. Ein Paläoanthropologe ist jemand, der die Entstehungsgeschichte des Menschen erforscht.

Friedemann Schrenk studiert gerade in seinem vergleichsweise kühlen Zelt Karten und will eigentlich nicht gestört werden. Was er dann aber sieht, verschlägt ihm den Atem: Sein Grabungshelfer ist auf einen überraschend gut erhaltenen Unterkieferknochen gestoßen. Laboruntersuchungen werden ergeben, dass der Fund 2,5 Millionen Jahre alt ist.

Ausgrabungsexperten haben sich geeinigt, ihre Fundstücke mit einem Buchstabenkürzel für den Fundort und einer fortlaufenden Nummer zu versehen. Danach hätte Schrenks Knochen „UR 497" heißen müssen. UR für „Uraha" und 497, weil es der 497. Fund ist. „497", denkt

sich der Deutsche, „das ist nicht besonders originell." Wenn man „UR" dagegen englisch ausspricht, hört sich das an wie „you are". Und wenn man nun statt der 497 die 501 nähme, „das Original" also, wie es der Jeanshersteller Levis verspricht ...? Dann trüge der gut erhaltene Kieferknochen den unglaublich attraktiven Namen „UR 501": *„You are the original."*

Seine Kollegen in Europa und den USA haben sich an Schrenks schrägen Humor gewöhnt. Längst ist er ein internationaler Star unter den Knochengräbern und besitzt die einzige Grabungslizenz in Ostafrika. Für ihn steht fest: Alle Menschen waren irgendwann einmal Afrikaner. Oder anders gesagt: Der Mensch stammt aus Afrika und hat dort den aufrechten Gang erlernt. Mit dem UR 501 haben Schrenk und sein Team einen handfesten Beweis dafür vorgelegt. Ein Beweis übrigens, der so wertvoll ist, dass er heute in einem Tresor in Frankfurt aufgehoben werden muss, wo Friedemann Schrenk am Forschungsinstitut Senckenberg arbeitet.

Lucy in the Sky

Einer der Stars in der Ausstellung des Naturmuseums Senckenberg in Frankfurt ist Lucy. Lucy ist eine Frau von etwa 25 Jahren, die vor ungefähr 3,2 Millionen Jahren in Äthiopien gelebt hat. Als sie 1974 ausgegraben wurde, hörten die Archäologen nebenbei im Radio das berühmte Lied der Beatles *Lucy in the Sky with Diamonds*. Also bekam sie den Namen Lucy. Die äthiopischen Ausgrabungshelfer tauften sie „Dinknesh" oder „Du Wunderbare". Warum wunderbar? Lucy ist eines der besterhaltenen Skelette eines Hominiden* und ihre Knochen geben Aufschluss über die Entwicklung des Menschen und seines aufrechten Ganges. 2009 bekam die wunderbare Lucy Konkurrenz. Ebenfalls in Äthiopien wurde das Skelett eines 4,4 Millionen Jahre alten Vormenschen gefunden. Ihr Name, Ardi, ist ein Kosename für die Vormenschenart *Ardipithecus ramidus*.

Acht bis sechs Millionen Jahre vor unserer Zeit ist Afrika noch zum größten Teil von tropischem Regenwald bedeckt. In dieser Zeit kommt es zu einer Klimaveränderung. Der dichte Regenwald weicht zurück, es entsteht eine Savannenlandschaft, die eine größere Vielfalt an Lebensräumen bietet. Doch das bedeutet ein Problem für die bisherigen Waldbewohner, die Affen: Die Bäume stehen jetzt zu weit auseinander, um sich weiter von Ast zu Ast zu hangeln. In dem neuen Lebensraum bietet sich eher ein aufrechter Gang an. Also trennen sich hier, am Rande des tropischen Regenwaldes in Afrika, Menschen und Menschenaffen – der erste Schritt zum modernen Menschen ist getan.

Vor etwa drei Millionen Jahren gab es dann eine weitere Klimaveränderung, die die Entwicklung unserer Vorfahren beeinflusste: Die Temperatur der Meere sinkt ab und auf den Kontinenten brechen eisige Zeiten an. Auch in Afrika wird es um einige Grad kühler und vor allem trockener. Dies hat Auswirkungen auf die Früchte und Samen, sie werden ebenfalls trocken und hartschalig. Nur die Frühmenschen, die mit dem veränderten Speiseplan zurechtkommen, können überleben. Wer Nüsse beißen will, benötigt kräftige Kiefer – wie UR 501, der Vormensch aus Malawi. Er reagierte mit gewaltigen Kaumuskeln und einem enormen Gebiss auf den Klimawandel und die härtere Nahrung. Andere, wie der *Homo rudolfensis,* nutzten erstmals primitive Werkzeuge.

Irgendwann nun schmeckten dem Vormenschen die Nüsse nicht mehr und er entwickelte eine Nase für tierisches Eiweiß als Nahrungsquelle. Fortan folgte er den Wanderungen seiner Beutetiere. Dies geschah vor etwa zwei Millionen Jahren zum ersten Mal. Sowohl für die Jagd als auch für das Leben in der Gemeinschaft war es für den sogenannten *Homo habilis* bald nützlich, Werkzeuge herzustellen, etwa Speerspitzen oder Faustkeile. Auch das Entzünden eines Feuers musste der Frühmensch lernen.

Am Ende hat sich aber ein anderer Typus durchgesetzt, der mit dem meisten Grips nämlich und dem Namen *Homo sapiens.* Er entwickelte sich vor einer halben Million Jahren ebenfalls in Afrika. Vor etwa 120.000 Jahren verließ der Homo sapiens Afrika, zog nach Indien und weiter in den nahen Osten. Seine extreme Anpassungsfähigkeit machte ihn seinen verwandten Arten am Ende überlegen: Er besiedelte die ganze Welt.

Und das bedeutet: Wir alle sind Afrikaner. Du und ich und alle anderen Menschen. Und deshalb ist es bittere Ironie, wenn sich zig Millionen Jahre nach der ersten Völkerwanderung Afrikaner heute wieder auf die Reise machen. Jeden Tag verlassen Professoren, Ingenieure, Universitätsabsolventen und Topsportler den Kontinent, um in Europa, den USA oder in Nahost den Arbeitsplatz zu finden, den ihr eigenes Land nicht bieten oder bezahlen kann.

Pyramiden und Königreiche.
Afrika vor der Ankunft der Europäer

Der Gestank von Rauch und Schwefel liegt in der Luft. Darunter mischt sich der penetrante Verwesungsgeruch von Leichen. Die Pestkarren rattern durch die Straßen der Städte und bringen ihre schreckliche Ladung, oft Hunderte Tote am Tag, zu den Friedhöfen, wo sie eilig verscharrt werden.

Wir schreiben das 14. Jahrhundert in Europa. Wer von den Kriegen, die den Kontinent überziehen, verschont wird, den rafft die Pest dahin. Ratten und Flöhe haben die Krankheit auf den Menschen übertragen, die Betroffenen krepieren elendig an Atemnot. Am Ende löscht die Epidemie 25 Millionen Menschenleben aus – ein Drittel aller Europäer. Hungersnöte fordern weitere Opfer unter den Geschwächten.

Zur selben Zeit feilschen 3.000 Kilometer von Europa entfernt, in reich verzierten Palästen, Geschäftsleute in feinen Gewändern über den Preis für Stoffe und kostbares Salz. Die Waren

Ein Pestarzt oder „Schnabeldoktor" mit der typischen Schutzmaske. In ihrem Schnabel befinden sich Kräuter, die vor den Ausdünstungen der Pestkranken schützen sollen.

sind am Morgen nach einer langen Reise quer durch die Sahara hier in der Oasenstadt Timbuktu im heutigen Mali angekommen. Während die Kamele, auf deren Rücken die Kostbarkeiten transportiert wurden, an den Brunnen der Oase ihren Durst stillen, studieren an der benachbarten Universität Gelehrte Religion, Physik, Astronomie und Mathematik. Ungefähr zu der Tageszeit, wenn hier am Rande der Sahara der Muezzin* die Muslime zum Abendgebet ruft, werden in Europa die Pestfackeln entzündet, die den Schwarzen Tod von der Hausschwelle vertreiben sollen.

Moment! Sollte man nicht denken, dass es genau anders sein müsste? Dass Epidemien und Hungersnöte mit Millionen Toten in Afrika toben und dass die reichen Händler und Gelehrten in Europa zu Hause sind?

Doch es bedurfte keiner Europäer, keiner Portugiesen, Briten, Franzosen oder Deutschen, um Afrika Wissenschaft, Kunst und Kultur, kurz: Zivilisation zu bringen. Lange vor ihrer Ankunft im 15. Jahrhundert gab es in Afrika hoch entwickelte Kulturen, deren Schätze jetzt in den größten Museen der Welt Millionen von Besuchern anziehen. Völkerkundler wissen heute, dass die Organisation früher afrikanischer Königreiche in keiner Weise derer in modernen europäischen Staaten nachstand. Die Forscher, die heute in Timbuktu 600 Jahre alte Schriftrollen auswerten, haben die Zeugnisse einer faszinierenden Hochkultur vor sich, die zu ihrer Zeit weit über die Grenzen Afrikas hinaus bekannt war. Und die Blütezeit der afrikanischen Kulturen reicht noch viel weiter zurück. Im 3. Jahrtausend v. Chr. bewerkstelligten Ingenieure in Ägypten eine wahre Meisterleistung, die heute vermutlich die besten Architekten und Statiker vor einige Rätsel stellen würde. Aus jeweils zwei Millionen Steinblöcken mit einem Gewicht von 2,5 Tonnen pro Block schufen sie die Pyramiden der Pharaonen, und zwar nicht weniger als 106 Stück im gesamten Land. Die berühmteste, die Cheops-Pyramide von Giseh, wog sage und schreibe sechs Millionen Tonnen. Mit einer Höhe von 146 Metern war sie 4.000 Jahre lang das höchste Bauwerk der Welt.

Auch wenn durch die Forschungsarbeiten von Afrika-Wissenschaftlern seit den 1950er-Jahren eine Menge über die vorkoloniale Geschichte Afrikas bekannt ist, ist das noch immer viel zu wenig. Das liegt nicht an mangelndem Interesse, sondern vielmehr daran, dass die meisten afrikanischen Gesellschaften keine Schrift kannten. Die schriftlichen Quellen, die vorliegen, stammen deshalb von Fremden, meist von arabischen und europäischen Forschungsreisenden, die durch eine fremde Brille auf den Kontinent sahen. Die Handschriften aus Timbuktu, der Wüstenstadt im heutigen Mali, bilden eine Ausnahme und deshalb sind sie so wertvoll für das Verständnis der frühen afrikanischen Geschichte.

Timbuktu. Afrikas Schatztruhe am Rande der Wüste

Mehrere Hunderttausend Manuskripte sollen in Timbuktu existieren, doch niemand kennt ihre Zahl genau. Einige Zehntausend haben Forscher bis heute aus dem Wüstensand gegraben. Sie erzählen von der Verbreitung des Islam* in Westafrika, dokumentieren Handelsverträge und enthalten die Erkenntnisse der islamischen Wissenschaft zu Astronomie und Medizin, Theologie, Geschichte, Musik und Rechtsprechung. Auch praktisches Wissen wurde festgehalten, etwa über die Wege der Handelskarawanen durch die Wüste und ihre Waren: Gold, Salz, Tabak, Leder, Papier, Bücher und Sklaven.
Doch der Zahn der Zeit nagt an Timbuktus (und Afrikas) Kulturschatz. Die alten Schriften zerfallen, verschimmeln oder werden von Termiten gefressen. Andere werden von skrupellosen Händlern aus Europa aufgekauft und verschwinden auf Nimmerwiedersehen in Privatarchiven. Malische Wissenschaftler ziehen von Dorf zu Dorf, um die Menschen zu überzeugen, die Manuskripte, die sie aus Angst vor den französischen Kolonialherren versteckt hatten, he-

rauszugeben. Weil das arme Mali die teure Restaurierung nicht aus eigener Kraft leisten kann, geben einige europäische Länder Zuschüsse – eine gute Form der Entwicklungshilfe.

Mit Südafrika beteiligt sich erstmals auch ein afrikanisches Land am Erhalt der einmaligen Schätze von Timbuktu.

Aufgezeichnet wurden die 600 Jahre alten Texte meist in arabischer Schrift.

Heute ist Timbuktu kein bedeutendes Handels- und Wissenschaftszentrum mehr. Wer sich hierhin begeben will, muss mehrere Tage lang unter beschwerlichen Umständen auf dem Niger reisen. Längst ziehen keine Händlerkarawanen mehr durch Timbuktu. Heute sind es Flüchtlingstrecks von Menschen, die sich in Europa eine bessere Zukunft erhoffen.

Die Blütezeit dieser Region ist leider nur den wenigsten Afrikanern bekannt. Der Forschungsleiter am örtlichen Schriftenmuseum gibt deshalb seinen Landsleuten einen Rat mit auf den Weg: „Wir Afrikaner müssen wissen, woher wir kommen, um nach vorn zu schauen." Insbesondere mit Blick auf die dunklen Kapitel der Kolonialisierung und Versklavung Afrikas ist dieser Ratschlag sehr wertvoll.

Afrika unter dem Joch der Kolonisation

Seefahrt, Handel, Kolonien

„Prinz Heinrich ordnete an, dass seine Schiffe, bewaffnet für den Frieden und den Krieg, nach dem Land Guinea fahren sollten, in dem die Menschen vollkommen schwarz sind." Als der portugiesische Entdecker und Geschichtsschreiber Diogo Gomes Mitte des 15. Jahrhunderts in seinem Arbeitszimmer in Lissabon den Federhalter in das Tintenfass taucht, um diesen Satz niederzuschreiben, ahnt er vermutlich nicht, welch dramatische Entwicklung durch diese weni-

Heinrich der Seefahrer (1394–1460)

gen Worte ausgelöst werden sollte. Denn der Befehl des portugiesischen Prinzen Heinrich an seine Seefahrer, nach Afrika aufzubrechen, ist nichts anderes als der Startschuss zu einem 500 Jahre lang andauernden Beutezug der Europäer durch Afrika. In seinem Verlauf werden Millionen Menschen entrechtet, versklavt und getötet.

Aber warum? Was haben die Europäer im 15. Jahrhundert in Afrika zu suchen? Sind sie mit sich selbst nicht genug beschäftigt? Mit den ewigen Kämpfen der Könige und Fürsten untereinander? Mit dem sogenannten Hundertjährigen Krieg der Franzosen und Briten (1337–1453)? Gerade sind 25 Millionen Menschen an der Pest gestorben. Wer denkt da an Seeeroberungen? Oder war es den Europäern am Ende in Europa zu kalt geworden (im 15. Jahrhundert gab es dort eine kleine Eiszeit)?

Eine Antwort lautet: Pfeffer und Gewürze. Im 15. Jahrhundert gab es einen lebhaften Handel mit Gewürzen zwischen Europa und Asien. Vor allem mit Pfeffer, einem damals sehr kostbaren Handelsgut. Um Pfeffer und andere Gewürze zum Beispiel aus Indien kaufen zu können, brauchte Europa Gold. Das war die Währung zu jener Zeit. Aber Gold musste man erst einmal finden ... zum Beispiel in Guinea an der Westküste Afrikas.

Die Sache mit den Gewürzen hatte aber noch einen anderen Haken. Damals wurden sie auf dem Landweg von Asien nach Europa gebracht. Das dauerte lange, war teuer und beschwerlich. Wenn es nun eine Seeroute zu den Handelspartnern in Süd- und Ostasien gäbe? Dann könnte man die Gewürze relativ bequem und in kürzerer Zeit auf Schiffen nach Europa bringen ..., dachten die Portugiesen und gründeten eine Seefahrtsschule, an der die Eroberung Afrikas auf dem Seeweg vorbereitet wurde.

Nun waren die Portugiesen aber nicht nur gute Seefahrer. Sie sind auch sehr christlich. Und so ging es am Ende doch nicht nur um Pfeffer. Sondern auch um die Bekehrung der Afrikaner zum Christentum. Die Zeit drängte, denn im 15. Jahrhundert breitete sich mit den arabischen Handelskarawanen im Sudan und der Sahara auch der Islam in Afrika aus. Das wollte Prinz Heinrich unter allen Umständen unterbinden.

Schon 1444 umrundeten portugiesische Segelschiffe den westlichsten Punkt Afrikas und erkundeten die Küsten des heuti-

| Portugiesische Karavelle, entworfen für die Seefahrt nach Afrika

gen Guinea und Senegals. Ein Jahr später eröffneten die Portugiesen vor dem heutigen Mauretanien einen Handelsposten, den ersten europäischen südlich der Sahara. Im selben Jahr, nämlich 1445, stieg Portugal in den Handel mit afrikanischen Sklaven ein. Dieses Jahr markiert den Beginn der Kolonialisierung Afrikas. Kolonialisierung bedeutet, dass ein Land ein fremdes Gebiet (in diesem Fall in Afrika) erobert, weil es dessen Bodenschätze gewinnen will oder auch dessen Menschen braucht.

Es dauerte nicht lange, bis sich andere Kolonialmächte, die Niederländer, Franzosen und Spanier, dem Beispiel der Portugiesen anschlossen. Inzwischen war ein Seeweg nach Indien gefunden. Doch der war lang und bedeutete, dass der gesamte afrikanische Kontinent umsegelt werden musste. Also errichteten die Europäer entlang der afrikanischen Küste Nachschublager. Dort nahmen sie Proviant für die Schiffsmannschaft auf und trieben Handel mit den Einheimischen. In dubiosen Verträgen mit afrikanischen Chiefs*, die die fremdsprachigen Schriftstücke nicht lesen konnten, erschwindelten sie sich Land. Nach und nach wurden so immer mehr Gebiete durch europäische Großmächte beschlagnahmt und ausgebeutet. Die Bewohner wurden bekämpft oder versklavt.

In dieser Zeit entsteht ein regelrechter Wettkampf um Afrika zwischen den Europäern. Er mündet gegen Ende des 19. Jahrhunderts in der offiziellen Besitznahme afrikanischer Gebiete als Kolonien, also als Besitztümer eines europäischen Landes außerhalb Europas.

„Ich weiß sehr wohl, dass die Franzosen mich töten wollen, um mein Land zu nehmen. Sie sagen, sie wollen mir helfen, es besser zu organisieren. Aber ich finde mein Land sehr gut, wie es ist."

König Naba Kuto von Wagadu, Ende des 19. Jahrhunderts, zu den französischen Kolonialplänen für sein Land. 1896 wurde das heutige Burkina Faso dennoch eingenommen, König Naba musste fliehen.

Die Europäer hatten es sich außerdem zur Aufgabe gemacht, die vermeintlich ungläubigen Afrikaner, die häufig Naturgötter anbeteten, zum christlichen Glauben zu bekehren. Nicht immer taten sie dies nur mit dem Gebetsbuch und der Bibel sondern auch mit Zwang und Gewalt. Auch wenn die europäischen Missionare im Glauben waren, aus Nächstenliebe zu handeln und die Seele der Afrikaner zu retten, so geschah doch genau das Gegenteil. Sie stülpten ihnen die eigene (vermeintlich überlegene) Religion und Kultur über und vermittelten den Afrikanern so ein Gefühl der Minderwertigkeit.

„Als die ersten Missionare nach Afrika kamen, besaßen sie die Bibel und wir das Land. Sie forderten uns auf zu beten. Und wir schlossen die Augen. Als wir sie wieder öffneten, war die Lage genau umgekehrt: Wir hatten die Bibel und sie das Land."

Der südafrikanische Erzbischof Desmond Tutu

Sklaverei in Afrika

Sklaverei war kein neues Phänomen in Afrika und schon vor der Ankunft der Europäer verbreitet. Ägyptische Sklaven bauten die Pyramiden der Pharaonen und wurden anschließend dort lebendig eingemauert. Reiche Geschäftsleute in der sagenhaften Stadt Timbuktu besaßen nicht selten 100 oder 200 Sklaven oder Leibeigene. Allerdings gab es einen bedeutsamen Unterschied zu der späteren Sklaverei durch die Europäer: Die afrikanischen Sklaven besaßen bestimmte Rechte und waren eng an die Familie, der sie dienten, gebunden. So rief ein kongolesischer Sklavenbesitzer seinen Diener mit dem Wort „Nvana" an, was Kind oder Sohn bedeutet.

Der millionenfache Sklavenhandel mit Menschen aus Afrika hatte dagegen ein ganz anderes, ein fürchterliches Gesicht. Er fing zunächst harmlos an. Portugiesische Seefahrer brachten von ihrer Afrika-Reise einen Afrikaner mit nach Hause, den sie dort wie eine Kuriosität vorzeigten. Doch schon bald bauten die Europäer einen rücksichtslosen Sklavenhandel mit Afrika auf. Unterstützt wurden sie dabei durch arabische Sklavenhändler, die das Menschengeschäft bereits seit dem Mittelalter ausübten. Zu Hilfe kamen ihnen zudem habgierige Stammeshäuptlinge, die verfeindete Volksgruppen versklavten und verkauften.

Mit der Entdeckung der „Neuen Welt", also Amerikas, durch Christoph Kolumbus 1492 entstand der berüchtigte Dreieckshandel. Waffen, Schießpulver, Stoffe und alkoholische Getränke kamen aus Europa nach Afrika. Hier wurden sie gegen Gold und Sklaven getauscht. Diese Männer, Frauen und Kinder wurden unter unmenschlichen Bedingungen über den Atlantik gebracht, wo sie als billige Arbeitskräfte auf den Zuckerrohr-, Baumwoll- und Tabakplantagen der europäischen Siedler in Amerika gebraucht wurden.

Wer die Reise überlebte, wurde vor Ort gegen die Produkte der Plantagen getauscht, die die afrikanischen Leidensgenossen dort gepflanzt hatten. Die Waren segelten von Amerika zurück nach Europa, wo sie Höchstpreise erzielten. Dann konnte der Handel von vorn beginnen, immer im Dreieck zwischen Europa, Afrika und Amerika.

Nach Schätzungen hat Afrika durch den Sklavenhandel zwischen dem 15. und 19. Jahrhundert etwa 50 Millionen Menschen verloren.

Der Rest wurde seiner Wurzeln, seiner Kultur und seiner Eigenständigkeit beraubt. Afrika blutete über Jahrhunderte aus und erholte sich nie wieder von diesem Verlust. Erst 1807 wurde die Sklaverei offiziell verboten. Inoffiziell dauerte sie weiter an.

Im Jahr 2000 forderten Nachfahren afrikanischer Sklaven in Amerika Entschädigung für das Unrecht, das Sklavenhandel und Sklaverei verursacht hatten. Die Summe, die sie präsentierten, ist gigantisch: 777 Billionen US-Dollar. Immerhin, so die Kläger, müssten Hunderte von Millionen Nachkommen der Sklaven entschädigt werden.

Wettlauf um Afrika. Die Berliner Kongo-Konferenz

Um Konflikte untereinander zu beheben und die Aufteilung Afrikas in Kolonien besser zu steuern, trafen sich 1884 und 1885 alle Kolonialmächte in Berlin. Zu den 14 Teilnehmern gehörten neben Deutschland auch Frankreich, Großbritannien, Russland und die USA. Zwar glaubte der Gastgeber, der deutsche Reichskanzler Otto von Bismarck, man könne auch aus Afrikanern „brauchbare Menschen" machen. Dennoch lud er keinen Vertreter aus Afrika zu dieser Konferenz, die über die Zukunft des Kontinentes entscheiden sollte, ein.

Die Konferenz war auf Wunsch des belgischen Königs Leopold II. einberufen worden. Leopold wollte sich das rohstoffreichste Land Afrikas, den Kongo, unter den Nagel reißen und benötigte dafür die Zustimmung der übrigen Kolonialmächte. Seine Rechnung ging auf: Der Kongo, mit über zwei Millionen Quadratkilometern 70-mal so groß wie Belgien, ging in seinen Privatbesitz über. Der Schreckensherrschaft Leopolds fielen Millionen Kongolesen zum Opfer.

Nach dem Ende der Konferenz nahm der Wettlauf um Afrika noch einmal an Tempo zu. Innerhalb weniger Jahre war der Kontinent südlich der Sahara wie ein Kuchen in britische, französische und deutsche Gebiete aufgeteilt worden. Die bestehenden Grenzen, ob geografisch, sprachlich oder religiös, wurden dabei völlig außer Acht gelassen. Als 1914 auch Ägypten seine Unabhängigkeit verlor, stand außer Liberia und Äthiopien ganz Afrika unter europäischer Herrschaft.

Deutsche Kolonien in Afrika und der Herero-Aufstand

Der deutsche Kaiser stieg erst im 19. Jahrhundert, also 400 Jahre später als andere europäische Länder, in den Wettlauf um Afrika ein. Deshalb ist die Zahl der deutschen Kolonien vergleichsweise gering. Es sind dies: Deutsch-Südwestafrika (heute Namibia), Togoland (heute Togo und Teile von Ghana), Kamerun (heute Kamerun und Teile von Nigeria, Tschad, Zentralafrikanische Republik, Republik Kongo und Gabun) sowie Deutsch-Ostafrika (heute Teile von Tansania, Ruanda und Burundi).
Die deutschen Bürger interessierten die Kolonien im fernen Afrika zu Beginn herzlich wenig. Das änderte sich, als sich im

Januar 1904 in Deutsch-Südwestafrika das Volk der Herero gegen die deutschen Unterdrücker auflehnte. Seit 1883 hatten die Rinderzüchter Ausbeutung und Erniedrigung durch die Deutschen erfahren. Sie waren mit gefälschten Verträgen um ihr Land betrogen und ihrer Lebensgrundlage beraubt worden. Schließlich wussten sie sich nicht mehr anders zu wehren, als ihre Peiniger anzugreifen. Bei dem Aufstand kamen 120 deutsche Siedler und Soldaten ums Leben. Der deutsche Kaiser Wilhelm II. reagierte darauf mit großer Härte. Er entsandte eine sogenannte „Schutztruppe" nach Afrika. Ihr Anführer, General von Trotha, ließ verkünden: „Innerhalb der deutschen Grenze wird jeder Herero mit oder ohne Gewehr, mit oder ohne Vieh erschossen. Ich nehme keine Weiber oder Kinder mehr auf, (sondern) treibe sie zu ihrem Volk zurück oder lasse auf sie schießen." In der Schlacht am Waterberg kamen viele Herero ums Leben, die deutschen Soldaten trieben die Übriggebliebenen in die wasserlose Omaheke-Wüste, wo viele verdursteten und ver-

Samuel Maharero war Anführer der aufständischen Herero.

hungerten. Andere wurden in Arbeitslagern eingesperrt, wo sie an Krankheiten und Überarbeitung starben.

Erst 1908 wurden nach Protesten aus Deutschland, wo die Nachricht vom deutschen Völkermord* in Afrika die Runde machte, die Lager geöffnet. Bis dahin waren 65.000 von ehemals 80.000 Herero und etwa 10.000 Nama, die sich ebenfalls gegen die Deutschen erhoben hatten, gestorben. Auch nach dem Ende der deutschen Kolonialherrschaft in Südwest im Jahr 1915 erhielten die Herero und Nama ihr geraubtes Land nicht zurück.

2001 verklagten die Herero deshalb die Bundesrepublik Deutschland auf Reparationszahlungen, also auf Wiedergutmachung. Eine solche finanzielle Entschädigung an das Volk der Herero lehnt die Bundesregierung aber ab. Stattdessen bekommt Namibia von Deutschland mehr Entwicklungshilfe als jedes andere Land.

„Wir suchen Christen und Gewürze." So kurz fasste der portugiesische Seefahrer Vasco da Gama im 15. Jahrhundert das Interesse Europas an Afrika zusammen. Es folgte für Afrika ein halbes Jahrtausend Elend, Ausbeutung und Versklavung. Kein Wunder, dass die Afrikaner irgendwann dagegen aufbegehrten. Nach dem Zweiten Weltkrieg 1945 bildeten sich die ersten Unabhängigkeitsbewegungen. Sie führten Afrika 20 Jahre später in die Freiheit von den Europäern und hinein in die Abhängigkeit von neuen Gewaltherrschern – dieses Mal aus Afrika.

Der König gibt den Degen ab

Es ist der 29. Juni 1960. Es ist ein heißer, sonniger Tag in Belgisch-Kongo. Und es ist der letzte Tag von Belgisch-Kongo, dem riesigen Land mitten in Afrika. Denn am nächsten Morgen, dem 30. Juni, wird das Land die Unabhängigkeit vom Mutterland Belgien erlangen und in Republik Kongo umgetauft werden. Ein geschichtsträchtiger Moment also! Der belgische König Baudouin hat den weiten Weg von Brüssel ins Herz von Afrika gemacht, um seine Kolonie persönlich in die Freiheit zu entlassen.

Auch Fotograf Robert Lebeck, einer der besten Fotografen Deutschlands zu jener Zeit, ist aus diesem Anlass aus Europa nach Afrika gereist. 75 Jahre hat Belgien seine afrikanische Kolonie ausgeplündert, die Menschen dort gequält und ermordet. Und nun will sich der König aus Europa von seinen Untertanen verabschieden. Lebeck wittert eine gute Geschichte. Mit seiner Kamera hat er sich unter die vielen Tausend Menschen gemischt, die die Straßen der Hauptstadt Léopoldville säumen. Sie alle sind gekommen, um den Mann zu sehen, der für ihr Elend mitverantwortlich ist und der nun ein letztes Mal König von Afrika spielen darf.

Da kommt er auch schon in seiner Limousine, einem schwarzen Cabriolet. Gerade wie ein Baum steht er ne-

ben dem zukünftigen kongolesischen Staatspräsiden-
ten Kasavubu. Plötzlich springt ein elegant gekleideter
Afrikaner aus der Menge hervor. Er greift hinter König
Baudouin auf die Sitzbank des offenen Autos und stiehlt
seinen Degen! Geistesgegenwärtig hält Fotograf Lebeck
auf diese Szene, drückt auf den Auslöser und schießt
eines der berühmtesten Fotos der Geschichte.
In den nächsten Monaten reißen ihm Zeitungen aus aller Welt das Bild aus den Händen. Im selben Jahr erhalten Länder überall in Afrika die Unabhängigkeit von
den Europäern. Gibt es da ein besseres Foto als das eines
Afrikaners, der einem Kolonialherrscher den Degen
klaut? Der behäbige König aus dem fernen Europa im
teuren Auto und mit militärischer Uniform, der Inbegriff
der Arroganz und Brutalität der Kolonialherrschaft. Und
dort der gar nicht mehr untertänige Afrikaner, der dem

Europäer das Symbol der Herrschaft stibitzt, als wolle er sagen: „Jetzt ist unsere Zeit gekommen. Jetzt regieren wir uns selbst."

Warum stimmten die Europäer eigentlich plötzlich der Unabhängigkeit ihrer afrikanischen Kolonien zu? Immerhin versorgten diese sie doch mit wichtigen Bodenschätzen? Nach dem Ende des Zweiten Weltkrieges 1945 lag die Wirtschaft in vielen Ländern Europas am Boden. Viele konnten sich ihre Kolonien in Afrika einfach nicht mehr leisten. Denn diese waren teuer: Es mussten zum Beispiel Kolonialbeamte und Soldaten entsandt und bezahlt werden sowie Häuser, Straßen und Eisenbahnen gebaut oder repariert werden. Der Entschluss der Europäer, Afrika in die Unabhängigkeit zu entlassen, hatte also weniger politische, sondern eher wirtschaftliche Gründe. Die Briten waren die Ersten, die daran dachten, die Kolonien abzugeben. Sie wollten eine allmähliche Machtübergabe an gemäßigte, demokratische Regierungen erwirken. Frankreich dagegen wollte die Kolonien politisch noch enger an sich binden. So oder so: Bei der Machtübergabe an die Afrikaner waren die Kolonialherren immer darauf bedacht, Regierungen einzusetzen, die ihnen genehm waren. So hofften sie, auch nach der Unabhängigkeit ihren Einfluss in Afrika zu behalten.

Die aufregende Ära der Unabhängigkeit – und die Ernüchterung danach

Wie Belgisch-Kongo erhalten 1960 noch 17 weitere afrikanische Kolonien ihre Unabhängigkeit. Dieses Jahr gilt deshalb als Geburtstag des sogenannten *postkolonialen (lateinisch für „nach der Kolonialzeit")*, also des unabhängigen Afrikas. Bis zum Jahr 1968 sind die meisten Kolonien frei. In der Regel verläuft der Weg dahin friedlich. Nur in einigen Ländern fließt Blut. So zum Beispiel in Kenia. Besonders heftig sind die Unabhängigkeitskämpfe in den portugiesischen Kolonien Angola und Mosambik. Sie müssen bis zum Sturz der Diktatur in Portugal 1974 warten, bis auch sie in die Unabhängigkeit entlassen werden. Simbabwe und Namibia folgen nach langen Kriegen 1980 und 1990.

„Vereinzelt sind wir schwach. Vereinigt jedoch könnte Afrika wahrhaftig eine der stärksten Kräfte in der Welt sein." Der Ghanaer Kwame Nkrumah führte 1957 das heutige Ghana als erstes schwarzafrikanisches Land in die Unabhängigkeit und gilt als einer der wichtigsten Vertreter des Panafrikanismus. „Pan" ist griechisch und bedeutet „alle". Panafrikanismus meint also die Vereinigung aller schwarzen Menschen auf der Welt. Alle Schwarzen sollen eine eigene schwarze Kultur und Identität ausbilden. Und sie sollen in das „Mutterland Afrika" zurückkehren.

Nkrumah trieb besonders eine Idee um: Anstelle einzelner Staaten, deren Grenzen oft die Kolonialmächte gezogen haben, sollte nach der Unabhängigkeit ein afrikanischer Kontinentalstaat entstehen, ein vereintes Afrika, das seine Interessen vereint vorantreibt.

Der Panafrikanismus wird bis heute dafür kritisiert, dass er die völlig unterschiedlichen Verhältnisse schwarzer Menschen in den USA, Afrika oder Jamaika ignoriert, der Ruf nach einer Einheit aller Schwarzen also naiv sei. Doch trotz aller Kritik: Das politische Erbe der Unabhängigkeitsbewegungen und ihrer Vordenker lebt auch fünf Jahrzehnte später fort. Seit 2007 berät die Afrikanische Union in Addis Abeba darüber, eine zweite USA, nämlich die „United States of Africa", zu gründen.

Kwame Nkrumah (1909–1972)

Wie groß ist die Freude, wie groß die Hoffnung in jenen Tagen! 80 Jahre lang hatten die Europäer geherrscht, hatten Afrikaner als Menschen zweiter Klasse und Arbeitssklaven behandelt. Nun, da afrikanische Politiker über das Schicksal ihrer Länder entscheiden können, will man eine demokratische Gesellschaft schaffen, in der alle Bürger ein Mitspracherecht haben. Gewalt und Unterdrückung sollen ein Ende haben.

In den ersten Wochen der Unabhängigkeit waren Gesten wichtig: Eine neue Flagge wurde entworfen. Sie nahm oft Farben oder Symbole der vorkolonialen Vergangenheit oder aber des gerade beendeten Befreiungskampfes auf.

So wie in der Farbe Ghanas steht Rot dabei für das Blut, das für die Unabhängigkeit vergossen wurde. Gelb symbolisiert die Liebe zum Vaterland, Grün die Fruchtbarkeit des Heimatbodens.

Ein besonderes Statussymbol der unabhängigen Länder wurde die eigene Fluglinie. Die Staatschefs der jungen Exkolonien bestanden auf einem eigenen Riesenjet wie einer Boeing 747. Ein englisches Wort für Fluglinie ist *Flag carrier,* wörtlich „Flaggenträger". Die Flugzeuge sollten also die Flaggen als Symbole der Unabhängigkeit in die Welt hinaustragen. Wer bislang keine eigene Fluggesellschaft hatte, gründete eine oder die bestehende wurde umbenannt. Einige Fluglinien überstanden die ersten turbulenten Unabhängigkeitsjahre, andere dagegen mussten aufgeben.

Obwohl die Länder nun offiziell unabhängig waren, blieben sie weiter von ihren ehemaligen Kolonialmächten abhängig. Bis heute fühlen sich die einstigen Besatzer verantwortlich für ihre Kolonien und beanspruchen ein Mitspracherecht, auch in der Politik.

Auch die wirtschaftlichen Abhängigkeiten blieben bestehen. Als Kolonie waren die Länder auf die Ausfuhr von Lebensmitteln und Rohstoffen, etwa Gold oder Erze, ausgerichtet. Landwirtschaft, Industrie und Handwerk wurden vernachlässigt. Das hat zum Beispiel zur Folge, dass die arme Republik Kongo (nicht zu verwechseln mit der Demokratischen Republik Kongo!) ein halbes Jahrhundert nach der Freiheit von Frankreich noch immer die meisten Waren von dort einführt – zu astronomischen Preisen. Viele afrikanische Länder sind zudem auch 50 Jahre nach der Unabhängigkeit auf den Verkauf ihrer Rohstoffe angewiesen. Damit aber sind sie auf Gedeih und Verderb den Weltmarktpreisen ausgeliefert, die stark schwanken.

Ein wichtiger Grund für den schwierigen Übergang der Kolonien in die Unabhängigkeit ist die Hast, mit der die Kolonialherren die afrikanischen Länder verließen. Als die Belgier sich nach 75 Jahren Kolonisation aus Belgisch-Kongo zurückzogen, gab es weniger als 20 afrikanische Studienabsolventen. In einem Land von der Größe Westeuropas mit 14 Millionen Einwohnern! Es gab auch keine kongolesischen Armeeoffiziere, keine Ingenieure, keine Landwirtschaftsexperten und Doktoren. Wie aber will man mit so wenig ausgebildeten Fachkräften, ohne Lehrer, Professoren und Doktoren, ein neues Land aufbauen? Vor allem: Woher sollten Erfahrungen mit der Demokratie kommen, wenn das rassistische* Kolonialsystem* Schwarze weitgehend von der Verwaltung ihres eigenen Landes ausschloss? Im Fall des Kongos führte dies dazu, dass die junge Republik* bereits im Juli 1960, also weniger als einen Monat nach der so lang ersehnten Unabhängigkeit von den Europäern, im Chaos versank. Bis heute hat sie sich nicht davon erholt.

Ein „Geschenk" ließen die europäischen Besetzer bei ihrem Abzug zurück, das sich verheerend für Afrika auswirken sollte. Die Landesgrenzen, die die Kolonialisten neu geschaffen hatten, wurden bei der Unabhängigkeit meistens auch die Staatsgrenzen des neuen unabhängigen Staates. Sie entsprachen aber oft nicht den ursprünglichen Grenzen, die vorher zwischen den Völkern galten. Das hat zur Folge, dass einige Völker heute in Staaten leben, denen sie sich gar nicht zugehörig fühlen, weil sie eine andere Sprache sprechen oder eine andere Kultur oder Religion pflegen. Dies führt in zahlreichen Ländern zu dauerhaften Streitigkeiten und Kriegen. So fühlen sich die Somalis, die in den Grenzen des Nachbarlandes Äthiopien leben, eher Somalia verbunden und kämpfen seit vielen Jahren für die Abspaltung von Äthiopien.

Der Kampf gegen die Apartheid und „Madiba Magic": Nelson Mandela

Nelson Rolihlahla Mandela – so heißt Südafrikas National-held mit vollem Namen.

Der Vater des kleinen Nelson muss eine Vorahnung gehabt haben, dass sein Kind einmal für Aufsehen sorgen würde: „Jemand, der Ärger macht" bedeutet Rolihlahla nämlich in der Sprache seines Volkes, der Xhosa. Und Ärger gemacht hat Nelson Mandela reichlich – vor allem jenen weißen Südafri-kanern, die Schwarze als Untermenschen in Blechhütten ab-schoben, ihnen den Zutritt zu weißen Bussen verwehrten und sie im Zweifelsfall ins Gefängnis werfen wollten.

Neben Martin Luther King* ist Nelson Mandela der prominen-teste Vorkämpfer für die Rechte schwarzer Menschen. Und das kam so:

Der kleine Nelson wächst als Häuptlingssohn unbeschwert in den grünen Hügeln der Transkei im Südosten Südafrikas auf.

Aber auch als Häuptlingssohn muss er ab dem fünften Lebensjahr das machen, was alle afrikanischen Jungs tun, die auf dem Land wohnen. Ziegen und Schafe hüten nämlich. Aus der Idylle der Küste zieht Mandela als junger Mann nach Johannesburg, in die größte Stadt Südafrikas. Dort schreibt er sich für das Studium der Fächer Römisch-Holländisches Recht, Englisch und „Eingeborenenverwaltung" (das nannte sich wirklich so!) ein. Und beginnt, sich für Politik zu interessieren. Dies war im Südafrika der Rassentrennung natürlich eine heikle Angelegenheit für Schwarze. Denn unter der Apartheid* (niederländisch für „Getrenntsein") war die südafrikanische Bevölkerung in vier Gruppen eingeteilt: Weiße, Schwarze, Farbige und Asiaten. Je heller die Haut eines Einzelnen war, desto mehr Rechte hatte er oder sie. In der Öffentlichkeit wurden Schwarze und Weiße strikt getrennt, durften zum Beispiel nicht dieselben Verkehrsmittel, Parks oder Strände benutzen. Krankenhäuser, Postgebäude, Rathäuser, Banken und Toiletten hatten zwei, durch Schilder gekennzeichnete Eingänge für schwarze und weiße Südafrikaner. Auch die Politik war den Weißen vorbehalten – aus gutem Grund.

In Johannesburg lernt Mandela andere Schwarze kennen, die wie er diese Politik der Rassentrennung bekämpfen wollten – notfalls mit Gewalt und Waffen. Sie engagieren sich in einer Bewegung: „ANC", dem

Afrikanischen Nationalkongress, Mandela steigt zum Anführer der ANC-Kämpfer auf. 1964 wird er deshalb zu lebenslanger Haft verurteilt und ins Gefängnis geworfen.

In den 1980er-Jahren steigt der Druck auf Südafrika, Mandela freizulassen. Es gibt Geheimgespräche und 1990 kündigt der – weiße – Präsident de Klerk an, den berühmten Häftling zu entlassen. Als er am 11. Februar 1990 nach 27 Jahren im Gefängnis Hand in Hand mit seiner Frau Winnie in die Freiheit tritt, empfangen ihn 50.000 Südafrikaner mit Jubelgesängen. Es sind weiße und schwarze Südafrikaner, die sich in Kapstadt drängen, um einen Blick auf die Legende zu werfen. Mandela ist ganz wackelig auf den Beinen. Seine Augen, durch die langen Jahre der Zwangsarbeit im Gefängnissteinbruch geschädigt, gewöhnen sich nur schwer an das gleißende Sonnenlicht des südafrikanischen Sommers.

Als er schließlich die wartende Menge begrüßt, ist eines seiner ersten Worte: *Peace,* Frieden.

Nach fast 30 Jahren im Gefängnis, nach Erniedrigung und Zwangsarbeit hatten manche einen verhärmten, rachsüchtigen Mandela erwartet. Doch weit gefehlt: Die Worte *Peace* und *Reconciliation* (Versöhnung) sollen in den nächsten Jahren immer wieder fallen. Es sind die beiden Pfeiler einer beispiellosen Versöhnungsaktion, der Südafrika verdankt, dass es heute als afrikanisches Musterland dasteht. Mit seiner Freilassung und später dann als erster schwarzer Präsident des Landes verkündet Mandela stets die gleiche Botschaft: „In Südafrika ist Platz für jeden – egal ob schwarz, braun oder weiß." Solange sie freilich „der Apartheid abge-

schworen haben", fügt er hinzu.

Niemand kann dem Charme der Legende vom Kap widerstehen: Während andere Präsidenten in teuren Anzügen zu Konferenzen in New York oder Paris erschienen, durfte Mandela seine legendären „Madiba-Shirts" tragen, lang fallende, schreiend bunte Hemden, ohne dass ihn jemand belächelt hätte. Madiba ist ursprünglich der Clanname, den ihm die Xhosa nach seiner Geburt mit auf den Weg gegeben haben. Nun aber wird er der Kosename einer ganzen Nation. Könige und berühmte Po-

Mandela in einem seiner typischen Madiba-Shirts

45

litiker scharen sich um Mandela wie Teenager um ihr Pop-Idol. Geschickt versteht es Madiba, seine Popularität zu barer Münze zu machen: Die von ihm gegründete Stiftung hat bis heute Millionen für bedürftige Südafrikaner gesammelt, wobei Mandelas Hauptanliegen der Kampf gegen HIV/Aids ist.

Im letzten Abschnitt seiner bewegenden Autobiografie *Long walk to freedom* schreibt Mandela: „Wenn man einen Hügel erklommen hat, sieht man (erst), dass es noch viele weitere Hügel gibt, die bestiegen werden müssen. (...) Ich kann nur einen kurzen Moment ausruhen (...), denn mein langer Weg ist noch nicht beendet."

In der Tat ist Südafrikas Weg noch beschwerlich und hügelreich. Kriminalität, Aids, Korruption, schlechte Politik – dies alles bedroht die junge Nation. Aber nicht zuletzt dank Nelson Mandela hat das Land die gefährliche Passage vom Unrechtsstaat zur bunten Regenbogennation, wie sie sich selbst nennt, bewundernswert gemeistert.

Afrika: Krisenkontinent?
Von Bürgerkriegen und dem
Vorzeigeland Botsuana

Kriege, Korruption, Krankheiten. Das sind die „3 K", für die Afrika bekannt ist. Steht es wirklich so schlimm um unseren Nachbarkontinent? Gibt es nicht vielleicht eine ganze Reihe von – sagen wir – W? „W" wie (demokratischer) *Wandel, Wirtschaftsaufschwung* und auch wie „Wir wollen es selbst packen, ohne eure Hilfe"?

Es gibt jede Menge Konflikte, also gewaltsame Auseinandersetzungen, in Afrika. Da streiten sich Äthiopien und Eritrea um ein kleines Grenzdorf, Eritrea liegt wiederum im Clinch mit dem Nachbarn Dschibuti. In Guinea hat eine Militärregierung die gewählte Regierung gestürzt. Dann gibt es die Bürgerkriege. Darfur, Somalia und Kongo kommen einem in den Sinn. Diese drei haben es in der Vergangenheit immer mal wieder in die

Tagesschau oder das heute journal geschafft. Das ist kein gutes Zeichen, denn wenn in den Nachrichten über Afrika berichtet wird, dann wartet meist ein … genau: K.

Der Krieg im Kongo: Afrikas erster Weltkrieg

Der Krieg im Kongo oder der Demokratischen Republik Kongo, wie das Land offiziell heißt, ist der verlustreichste seit dem Zweiten Weltkrieg: Etwa fünf Millionen Menschen hat er bislang das Leben gekostet. Und leider sieht es derzeit nicht so aus, als ob das Morden und Vergewaltigen bald ein Ende haben wird.

Zu groß ist das Land (sechsmal so groß wie Deutschland) und zu viele Politiker und Kriegsherren haben ein Interesse daran, dass der Konflikt fortgesetzt wird. Solange Krieg ist, können diese Kriegstreiber ungehindert die Bodenschätze, das Gold, die Diamanten und das Coltanerz ausbeuten, das Kongo zu einem der reichsten Länder Afrikas machen *könnte*. Auch die Nachbarländer sind mit von der Partie, deshalb hat die ehemalige amerikanische Außenministerin Madeleine Albright den Kongo-Krieg „Afrikas ersten Weltkrieg" getauft.

Wer den Kongo einmal von Ost nach West und von Nord nach Süd durchquert hat, kann sich vorstellen, wie schwer es sein muss, das riesige Land im Frieden zu regieren. Heute, im Kriegszustand, ist es völlig unmöglich, jeder macht (und plündert), was er will. Und von Demokratie, wie es der Landesname suggeriert, kann keine Rede sein.

2006 gab es die erste Wahl in der Demokratischen Republik Kongo seit der Unabhängigkeit von Belgien 1960. Doch wie demokratisch kann eine Wahl sein, wenn es kaum Straßen gibt, um Wahlurnen zu transportieren? Wenn Wähler von Kriegsherren eingeschüchtert und zur Wahl eines bestimmten Kandidaten gezwungen werden? Wenn die meisten Menschen nicht einmal den Namen der Partei auf dem Wahlzettel lesen können?

„Erst müssen unsere Mägen gefüllt sein, dann können wir wählen gehen", sagen Afrikaner immer wieder und meinen damit: Erst muss es ein Ende von Hunger und Krieg geben, dann hat die Demokratie eine Chance.

Immer wieder ist zu lesen, Stamm A sei seit Jahrhunderten mit Stamm B verfeindet und deshalb über ihn hergefallen. Das ist nicht nur falsch, sondern auch dumm. Schon allein der Begriff *Stamm* beschwört alte Klischees. Kriege in Afrika sind keine „Stammes"-Kriege, sondern Verteilungskriege. In ihnen geht es natürlich um politische Macht, vor allem aber um die Kontrolle von Bodenschätzen, um Wasservorräte, Weidegründe und kostbares Ackerland.

In vielen Teilen Afrikas leben Viehhirten und Ackerbauern auf engstem Raum

zusammen. Da ist der Streit bereits vorprogrammiert. Beide benötigen Wasser und Land, der eine für seine Ochsen, der andere für seine Feldfrüchte, Hirse oder Yams. Wer jemals in dem winzig kleinen, dicht besiedelten Ruanda beobachtet hat, wie Bauern auch noch die steilste Parzelle am Berggipfel beackern, der benötigt wenig Fantasie, um sich auszumalen, dass das Land bald nicht mehr für alle Ruander reichen wird. Denn die Bevölkerung in Afrika wächst stark.

Gleichzeitig breiten sich in vielen Teilen Afrikas die Wüsten aus, weil das Klima heißer wird. Das verschlimmert den Kampf um die Lebensgrundlagen und erhöht die Gefahr von gewaltsamen Auseinandersetzungen. Angefeuert werden diese Streitigkeiten von skrupellosen Politikern und Geschäftsleuten, die Volksgruppen, aber auch Religionsgemeinschaften gegeneinander ausspielen.

Auch die Korruption ist eine Art Krieg um die Lebensgrundlagen. Es ist ein Krieg, den jeder afrikanische Beamte, Zöllner oder Verkehrspolizist täglich aufs Neue gegen seine eigene Regierung führt. Denn die bezahlt ihn entweder nicht oder nur so schlecht, dass er seine Familie unmöglich ernähren kann. Also hält er beim Passstempeln oder bei der Autokontrolle die Hand auf, in der Hoffnung, ein Bakschisch, ein Trinkgeld, zu bekommen.

Aber es gibt auch positive Geschichten aus Afrika, die das Bild vom Krisenkontinent mildern. Wie zum Beispiel das Land Mosambik. Ein Land, das 16 Jahre lang, beginnend im Jahr 1976, mit einem verheerenden Bürgerkrieg zu kämpfen hatte. Seit dem Ende des Krieges 1992 aber hat Mosambik erhebliche Fortschritte in der Demokratisierung und in der Bildung gemacht. Heute gehen 80 Prozent der Kinder fünf Jahre lang zur Schule, 30 Prozent machen weiter bis zur 6. oder 7. Klasse. Auch die Lehrerfortbildung und die Aids-Aufklärung sind gut vorangekommen. Politisch haben die ehemaligen Bürgerkriegsparteien auf der Grundlage einer modernen Verfassung eine Mehrparteiendemokratie eingeführt. Sie ist zwar anfällig für Manipulation, wie die Wahl 2009 gezeigt hat, doch sie funktioniert vergleichsweise gut.

Es gibt andere Erfolgsgeschichten: Liberia und Sierra Leone in Westafrika, die nach jahrelangen Bürgerkriegen auf dem Weg der Normalisierung sind und verantwortungsvolle Politiker an der Spitze haben.

Afrikas größte Erfolgsgeschichte findet man freilich in dem südafrikanischen Land Botsuana. Bei seiner Unabhängigkeit von den Briten 1966 hatte Botsuana, das damals noch Bechuanaland hieß, nur zehn Kilometer geteerte Straße und ganze vier Schulen. Heute ist es mit seinen nur knapp zwei Millionen Einwohnern das afrikanische Vorzeigeland schlechthin. Das verdankt es seinen Diamanten, die 1967 in der Kalahariwüste gefunden wurden und Botsuana reich gemacht haben.

Doch das Geheimnis des Erfolges ist ein anderes: gute Regierungsführung! „Die Opposition gestand ihre Niederlage ein." So steht es in einem Bericht vom 19.10.2009 im deutschen *Handelsblatt* über den Ausgang der Parlamentswahl in Botsuana. Dieser eine Satz genügt, um die Erfolgsgeschichte des

Landes zu verstehen. Denn es kommt in Afrika nicht häufig vor, dass die Opposition, also die Gegner der Regierung, eine Wahlniederlage zugibt. Genauso erstaunlich ist, dass Botsuana die Vorbehalte gegenüber Einparteienherrschaften in Afrika scheinbar widerlegt: Seit der Unabhängigkeit 1966 wird das Land von ein und derselben Partei, der Demokratischen Partei Botswanas, regiert – offenbar zu seinem Wohle.

Botsuana ist heute der größte Diamantenproduzent der Welt, jeder dritte Funkelstein, der über eine Juweliertheke in London oder Sydney geht, stammt aus dem afrikanischen Land. Denn die Hochkaräter, die aus der staubtrockenen Kalahariwüste gebuddelt werden, sind von hervorragender Qualität. Sie sind wortwörtlich der Grundstein für Botsuanas Erfolg. Anders als viele andere afrikanische Länder, die aus ihrem Gold, den Edelhölzern und Erzen keinen Profit schlagen konnten, legte Botsuana den Erlös aus seinen Diamanten gut an: Heute beneiden alle Nachbarstaaten Botswana um seine Schulen und Krankenhäuser, die Telefonleitungen und das exzellente Straßennetz, 95 Prozent aller Einwohner haben Zugang zu sauberem Trinkwasser – das ist Rekord in Afrika.

Auch die Aids-Krise, die Botsuana wie alle südafrikanischen Länder schwer getroffen hat, wurde vorbildlich gemeistert:

Während der große Nachbar Südafrika die Krankheit lange Zeit leugnete, startete Botsuana lieber eine Aufklärungskampagne. Mit dem Erfolg, dass die Ansteckungsrate schnell gesenkt werden konnte.

Der sudanesische Millionär Mo Ibrahim hat vor einigen Jahren seinen Tresor geöffnet und einen mit sage und schreibe fünf Millionen Dollar dotierten Preis ausgeschrieben. Das Geld soll einem ehemaligen afrikanischen Regierungschef zugutekommen, der sich besonders um gute Regierungsführung verdient gemacht hat. Der erste Preisträger 2008 war der langjährige Präsident von Botsuana, Festus Mogae.

Wie es um Afrikas Politiker bestellt ist, zeigte die Entscheidung des Auswahlkomitees 2009: Zur Überraschung aller – und zum Entsetzen der vorher diskutierten möglichen Preisträger – entschied die Jury, das Preisgeld gar nicht zu vergeben: Es stünde kein geeigneter Kandidat zur Verfügung. Das war ziemlich peinlich für Afrika und wird hoffentlich ein Ansporn für seine Politiker sein, es in Zukunft besser zu machen.

Afrikas zaghafte Schritte zur Demokratie

Die Dinosaurier müssen weg

Das Wort „Dinosaurier" stammt vom griechischen *deinos* – „schrecklich, gewaltig" und *saura* – „Echse". Dinosaurier sind also „schreckliche Echsen". Vor 250 Millionen Jahren bevölkerten sie die Erde und starben vor 65 Millionen Jahren aus. Aber *eine* Art von Dinosaurier hat wohl überlebt. Wie ihre geschuppten Vorfahren sollen sie raffgierig und zäh sein und sie fressen ihre natürlichen Feinde einfach auf, sobald sie ihnen gefährlich werden … Die Rede ist von afrikanischen Präsidenten. Politiker, die die Macht einfach nicht abgeben wollen, nennt man in Afrika Dinosaurier. Sie sind ein großes Problem für den Kontinent und vor allem für die Entwicklung von Demokratie. Omar Bongo ist einer dieser afrikanischen Dinosaurier: Als er im Juli 2009 im Alter von 73 Jahren verstarb, hatte er das westafrikanische Gabun stolze 41 Jahre und 193 Tage regiert – länger als jeder andere Präsident in Afrika vor ihm. Wie lange Omar Bongo den Rekord halten wird, ist ungewiss, denn es gibt noch andere afrikanische Präsidenten, die auf dem besten Weg zum Dinosaurier sind. Der Staatschef von Libyen, Muammar Gaddafi ist bereits seit 1969 im Amt, Robert Mugabe in Simbabwe seit 1980. Yoweri Museveni ist seit 1986 Präsident von Uganda und damit fast schon ein Neuling.

Das Wort „Demokratie" ist griechisch und bedeutet so viel wie „Herrschaft des Volkes". In einer Demokratie stimmen die Bürger des Volkes in Wahlen darüber ab, wer den Staat regiert, das heißt, wer also zum Beispiel Gesetze erlassen darf. Die Form der Volksherrschaft, also der Demokratie, ist der Gegenentwurf zu einer Staatsform, in der nur einer, etwa ein König oder ein Kaiser, das Sagen hat.
Ein Staat wird als demokratisch angesehen, wenn die Bürger seines Landes entweder durch direkte (Volksabstimmung) oder indirekte Beteiligung (Wahl eines sie vertretenden Parlamentes) Mitspracherecht ausüben können. Das Grundgesetz der Bundesrepublik Deutschland sagt dazu in Artikel 38, Absatz 1: „Die Abgeordneten des Deutschen Bundestages werden in allgemeiner, unmittelbarer, freier, gleicher und geheimer Wahl gewählt." Dies bedeutet, dass die deutschen Bürger ohne Rücksicht auf ihre Herkunft, ihr Geschlecht, ihr Einkommen oder ihre politische Überzeugung wählen dürfen. Ihr Wahlentscheid soll ohne Zwang und geheim (in der Wahlkabine oder per Briefwahl) erfolgen.

In Deutschland und anderen Teilen der Welt sieht das politische System regelmäßige Wahlen vor. Dann müssen die Politiker vor die Wähler treten und sich ihrem Urteil stellen. Haben sie ihre Aufgabe in den vergangenen Jahren gut gemacht, werden sie wiedergewählt. Sind die Bürger unzufrieden, wählen sie andere Politiker.

In Afrika funktioniert das mit den Wahlen noch nicht ganz so gut. Das liegt unter anderem daran, dass es (noch) nicht viele gut bezahlte Berufe in Afrika gibt. Wer also einmal eine Arbeit als Politiker gefunden hat, möchte sie so schnell nicht wieder abgeben. Doch es ist nicht gut für ein Land, wenn dieselben Politiker viele Jahre lang regieren. Denn oft werden sie dann selbstgefällig und glauben, dass der Staat ihnen gehört und sie nach Belieben herrschen können. Dabei vergessen sie, dass sie nur von den Bürgern des Staates beauftragt sind, das Land möglichst gut zu verwalten.

Wie eine Demokratie entsteht und
warum sie bezahlt werden muss

Herr Mwanza arbeitet im Erziehungsministerium in
Tansanias Regierungssitz Daressalaam. Dort ist er mit
einigen Kollegen für die Erstellung der Lehrpläne an
den Grundschulen Tansanias zuständig. Ein wichtiger
Beruf also, denn Herr Mwanza legt fest, welche Fächer
die Kinder lernen. Herr Mwanza macht seine Arbeit
gerne, aber es gibt ein großes Problem: Er ist wie seine
Kollegen seit einigen Monaten nicht bezahlt worden.
Damit geht es ihm wie vielen Beamten in Tansania und
überhaupt in Afrika: Sie werden schlecht oder gar nicht
bezahlt. Nun hat Herr Mwanza aber fünf Kinder, die
Essen und Schulgeld und Kleidung brauchen.

Was also macht Herr Mwanza in seiner Not? Er kommt
frühmorgens in sein Büro im Erziehungsministerium
und hängt seine Anzugsjacke über die Lehne seines
Bürostuhls. Aha, denken später seine Kollegen und vor
allem der Chef, Herr Mwanza ist irgendwo im großen
Haus unterwegs, jedenfalls ist er pünktlich zur Arbeit
gekommen. Längst aber hat sich dieser zur Tür hinaus-
geschlichen, ist die Treppe hinabgeeilt und in sein
Auto gesprungen, das er absichtlich um die Ecke ge-
parkt hat. Dort wird aus Herrn Mwanza, dem Beamten,
der Taxifahrer Mwanza. Bis zur Mittagspause fährt er
Kunden quer durch die Stadt und verdient sich so

etwas Geld. Jenes Geld, das ihm sein Arbeitgeber, der tansanische Staat, erst in ein paar Wochen oder gar nicht bezahlen wird. Gegen 13 Uhr eilt Herr Mwanza zurück an seinen Schreibtisch im Ministerium. Dort hängt seine Jacke noch über dem Stuhl!

Die Geschichte von Herrn Mwanza ist typisch für viele afrikanische Staaten. Weil seine Regierung ihn nicht bezahlt, arbeitet Herr Mwanza nur einen halben Tag an den Lehrplänen der Schüler. Die sind deshalb nicht so gut, wie sie sein könnten, und damit ist auch die Grundschulbildung nicht so gut, wie sie sein könnte. Denn auch die Lehrer fehlen oft, weil sie nicht bezahlt werden. Erziehung und Bildung aber sind wichtig für die demokratische Entwicklung und für das Wachsen der Zivilgesellschaft* eines Landes. Wer in der Schule lernt, wie ein Parlament funktioniert, der wird sich als Erwachsener für die Demokratie und gegen eine Diktatur entscheiden. Wer in der Schule gelernt hat, einen Vortrag zu halten oder seinen Lehrer kritisch zu hinterfragen, wenn ihm etwas nicht einleuchtet, der hat gute Chancen, sich später aktiv für seine Rechte einzusetzen und Teil einer starken und mutigen Gesellschaft zu werden.

Aber in ganz Afrika geht es jeden Tag Millionen Menschen wie Herrn Mwanza. Richter, Lehrer, Beamte, Journalisten, Künstler, all jene also, die wichtig und manchmal unbequem sind, werden entmutigt. Weil sie schwach sind, sind viele afrikanische Regierungen schwach. Und umgekehrt. Ein Teufelskreis.

Eine Demokratie benötigt bestimmte Einrichtungen. Ein Parlament zum Beispiel, in dem die von den Bürgern gewählten Vertreter den Politikern der Regierung auf die Finger schauen. Gerichte, die im Streitfall Recht sprechen. Polizei und Armee, die Sicherheit und Ordnung gewährleisten. In Afrika sind diese Institutionen noch schwach.

In Afrika gibt es auch keine Krankenkassen, wie wir sie aus Europa kennen. Wer zum Arzt geht, muss bar bezahlen. Es gibt keine Arbeitslosen-, Berufsunfähigkeits-, Renten- oder Haftpflichtversicherungen, die die Menschen in Notfällen absichern. Also müssen sich Afrikaner gegenseitig versichern. Und das geht am besten in der Familie, denn die kennt man und vertraut ihr deshalb. Wenn Herr Mwanza also zum Arzt muss, aber kein Geld für die Behandlung hat, dann leiht er sich etwas von seinem reichen Cousin Isaq. Im Gegenzug nimmt Herr Mwanza Isaqs Schwester Urmi bei sich auf, die vom Land in die Stadt zieht, um dort zur Schule zu gehen. Urmi wiederum pflegt die alte Mutter von Herrn Mwanza. Wie gut, dass es die afrikanische Großfamilie gibt!

Sie bildet ein sogenanntes „soziales Netz", das einzelne Familienmitglieder auffängt, wenn es Probleme gibt.

Schwierig wird es aber, wenn sich Familie und Politik in die Quere kommen. Nehmen wir an, Isaq ist Politiker. Er hat also seinem Cousin Mwanza Geld geliehen und möchte nun einen Gegengefallen von ihm. Nicht für Urmi. Die kann in einem Wohnheim leben. Nein, er möchte, dass Mwanza bei der nächsten Bürgermeisterwahl für ihn stimmt. Und noch drei oder vier Freunde mitbringt. „Ein kleiner Gefallen nur unter Cousins! Was meinst du, Mwanza?"

In den Industrieländern* nennt man dies Korruption oder Vetternwirtschaft. Die eine Hand wäscht die andere, sagen die Afrikaner. Politikexperten sagen: Die enge Familienbindung in Afrika erschwert das Zugehörigkeitsgefühl zu einem Staat, den die Menschen als gesichtslos erleben. Und sie fördert die Korruption, eines der Hauptübel Afrikas.

Afrikas Wiedergeburt nach dem
Ende des Kalten Krieges

Auch wenn es hier und dort noch hapert mit der Demokratie und die afrikanischen Dinosaurier noch nicht ausgestorben sind, es hat sich eine Menge getan zwischen Kairo im Norden und Kapstadt im Süden des Kontinentes. Unter den 48 Staaten südlich der Sahara konnten noch 1988 nur die kleinen Länder Botsuana und Mauritius und mit sehr viel gutem Willen auch noch Senegal und Simbabwe als Demokratien bezeichnet werden. Vier Länder von 48 also. Dieses düstere Bild änderte sich Anfang der 1990er-Jahre fast über Nacht. Die Unabhängigkeit Namibias 1990 und das Ende der undemokratischen Regierungen in Benin und Sambia waren das Signal für einen rasanten Einzug der Demokratie. Benins Weg zur Demokratie setzte ein Zeichen für andere ehemalige französische Kolonien in der Region. Fast alle führten Anfang der 1990er-Jahre Wahlen durch. Insgesamt fanden im Zeitraum von 1990 bis 1997 mehr als 40 Wahlen statt, zu denen sich mehrere Parteien oder Präsidentschaftskandidaten dem Volk stellten.

Warum ausgerechnet 1990? Der wichtigste Grund für die Demokratisierungswelle war das Ende des Ost-West-Konflikts zwischen den USA und Westeuropa auf der einen Seite und der Sowjetunion und den mittel- und osteuropäischen Ländern auf der anderen Seite. Dies wirkte sich auch einige Tausend Kilometer weiter südlich in Afrika aus. Dort stellten sich viele Menschen angesichts des Sturzes der mächtigen, die Menschen unterdrückenden Systeme in Osteuropa die Frage „Wenn DIE das schaffen, warum schaffen WIR das nicht?" Ein Nachahmungseffekt setzte ein.

Mindestens ebenso wichtig für die Demokratisierung in Afrika waren jedoch die Auswirkungen, die das Ende des Ost-West-Konflikts auf die Machtverteilung in der Welt hatte. Während des Kalten Krieges* unterstützten die westlichen Industrieländer und die Länder des Ostblocks jeweils unterschiedliche Re-

Gabuns Präsident Omar Bongo (hier mit Jaques Chirac) wurde seit 1967 von Frankreich unterstützt.

gierungen in Afrika. Ein afrikanischer Staatschef oder Diktator wurde dabei so lange mit Entwicklungs- und Militärhilfe überschüttet, wie er einem der beiden Blöcke seine Treue versicherte.

Der Zusammenbruch des sogenannten „Ostblocks", also der sozialistischen Länder in Europa Ende der 1980er-Jahre, führte zum fast völligen Rückzug der Sowjetunion und ihrer Verbündeten aus Afrika südlich der Sahara. Die westlichen Länder forderten nun wiederum von den afrikanischen Diktatoren, die sie jahrelang unterstützt hatten, Demokratie und den Schutz der Menschenrechte einzuführen. Als 1993 mit Eritrea der jüngste afrikanische Staat geboren wurde, machte das Wort von der Renaissance Afrikas die Runde, von Afrikas Wiedergeburt unter den „Neuen Führern Afrikas", wie seine Politiker nun gerufen wurden.

Eritrea: Vom Hoffnungsträger zum Folterstaat

Das kleine Eritrea am Horn von Afrika* galt nach seiner Unabhängigkeit von Äthiopien 1993 als Hoffnungsträger des Kontinents. Präsident Isayas Afewerki wurde als das Vorbild des modernen afrikanischen Politikers schlechthin gefeiert. Hatte er doch 30 Jahre lang unter größten Entbehrungen für die Unabhängigkeit seines Landes gekämpft, selbst mit der Waffe im Schützengraben gelegen. Wer, wenn nicht dieser disziplinierte und überaus intelligente Mann, würde die Korruption stoppen, freie Wahlen abhalten und eine moderne Gesellschaft aufbauen? Es kam alles anders. Nach einem guten Anfang stürzte sich Eritrea in eine Reihe verlustreicher Kriege mit Äthiopien. Anderthalb Jahrzehnte nach seiner Unabhängigkeit ist Eritrea ein diktatorisch regierter Einparteienstaat, der seine Bürger vom Geheimdienst auf Schritt und Tritt ausspionieren lässt. Es gibt keine Verfassung und keine Wahlen. Es gibt nicht einmal einen Stellvertreter des Präsidenten, er ist ein absoluter Alleinherrscher. Oppositionspolitiker und Menschenrechtsaktivisten werden gefoltert und ermordet.

Natürlich hat es in den letzten beiden Jahrzehnten unzählige vielversprechende Demokratisierungsansätze gegeben. Heute ist mehr als ein Dutzend Staaten in Afrika demokratisch. In Umfragen zur Demokratie äußern sich Afrikaner regelmäßig positiv: 70 Prozent im kleinen Lesotho, gar 96 Prozent in Tansania wollen keine Militärherrschaft oder ein System, in dem nur eine einzige Partei herrscht.

Ubuntu: Traditionelle afrikanische Demokratie

„Warum sagt ihr im Norden uns in Afrika eigentlich andauernd, was Demokratie ist? Wir haben die Demokratie schon gelebt, da habt ihr noch auf den Bäumen gesessen!" Die Klage hört man oft von Afrikanern. Sie sagen, demokratische Grundregeln des Zusammenlebens sind ein weitverbreitetes Kulturgut in Afrika! Sie verweisen dann auf das Wort „Ubuntu", das ursprünglich aus der südafrikanischen Zulusprache kommt und so viel wie „menschliches Miteinander" bedeutet. Dieses auf ein gutes Einverständnis beruhende Miteinander kann sowohl im Familienkreis als auch zwischen einem afrikanischen Chief und seinen Untertanen herrschen. Nach den Regeln des Ubuntu konnte die traditionelle afrikanische Gemeinschaft einen Chief auch abwählen, wenn er seine Arbeit nicht gut genug getan hatte. Eben wie in einer Demokratie.

Afrika ist ein großer Kontinent mit vielen ganz unterschiedlichen Ländern. Diese Länder sind in ihrer Demokratieentwicklung unterschiedlich gut vorangekommen. Wer oder was ist schuld an Afrikas langsamer Demokratisierung? Die Kolonialherren, die Afrika und seine Menschen erniedrigten und ihnen Würde und Selbstvertrauen nahmen? Ist es der Kalte Krieg, in dem afrikanische Politiker wie Spielfiguren bei einem Brettspiel verschoben und damit die Anfänge für zukünftige Konflikte und Korruption gelegt wurden? Oder sind es afrikanische Politiker, die sich wie alte, zähe Dinosaurier am Präsidentenstuhl festklammern und ihr Land schamlos aussaugen? Oder die afrikanische Elite vielleicht, die Reichen und Gebildeten, die ihre Mitbürger mit Füßen treten, um selbst schneller voranzukommen?

Crisford Chogugudza ist Journalist und stammt aus Simbabwe. Er kennt sich aus mit Dinosauriern: Sein Präsident, Robert Mugabe, ist schon seit beinahe 30 Jahren an der Macht. „Wer dem Kolonialismus die Schuld an Afrikas Problemen gibt, der ist unglaublich naiv", sagt der Afrikaner Chogugudza.

Auch Barack Obama, der erste schwarze Präsident der Vereinigten Staaten, teilt diese Meinung. Am 11. Juli 2009 hielt Obama auf seiner ersten Reise nach Afrika eine viel beachtete Rede. „Entwicklung benötigt gute Regierungsführung und die hat viel zu lange gefehlt. Diese Verantwortung können nur Afrikaner selbst tragen", so Obama. Seine Rede beendete Obama unter großem Jubel mit seinem berühmten Wahlkampfmotto „Yes we can!" – „Ja, wir können es schaffen". Mit diesem selbstbewussten Slogan hatte er als Schwarzer den Weg ins Weiße Haus geschafft. Nun, so Obama, dessen familiäre Wurzeln unter anderem in Kenia liegen, sei Afrika an der Reihe: „Die Zukunft Afrikas liegt in den Händen von Afrikanern."

Afrika im Welthandel – ein unfairer Wettbewerb?

> „Der Handelswettbewerb zwischen Afrika und dem Westen ist wie der Wettkampf zwischen einer Giraffe und einer Antilope um die besten Früchte hoch oben im Baum."
>
> *Nach einer Redewendung aus Ghana*

Im Jahre 2008 wurden weltweit Waren im Wert von 10.206 Milliarden Euro gehandelt. Dieser Welthandel funktioniert wie auf einem ganz normalen Wochenmarkt – nur in größerem Maßstab eben. Der Verkäufer bietet seine Waren an, der Käufer kauft sie – oder eben auch nicht. Afrika hat wenig anzubieten auf diesem weltumspannenden, globalisierten* Markt, der Länder und Kontinente heute in Echtzeit miteinander verbindet und Warenströme kreuz und quer durch die Luft und über Straßen und Meere schickt. Also gibt es auch nur wenige Käufer für Afrikas Waren oder Produkte. Und damit wenig Geld in Afrikas Taschen.

Die „Antilope" Afrika zieht mit einem Anteil von nur zwei Prozent am Welthandel den Kürzeren. Derweil können die langhalsigen Europäer und Amerikaner mühelos an die globalisierten Futtertröge heranreichen.

Bei näherer Betrachtung fallen die Zahlen noch verheerender aus, denn es ist nur eine Handvoll der insgesamt 53 afrikanischen Staaten, die im Welthandel mitspielen: Algerien, Angola, Libyen, Marokko, Nigeria und Südafrika. Vor allem im Vergleich zu Ländern in Lateinamerika und Asien, die ähnliche Startvoraussetzungen haben, schneidet Afrika miserabel ab. Während Asien seine Exporte*, also die Waren, die es ins Ausland transportiert und dort verkauft, zwischen 1980 bis 2000 um durchschnittlich sieben Prozent jährlich steigern konnte, lag der Zuwachs in Afrika bei nur einem Prozent.

Rohstoffe für die ganze Welt

Große Teile der weltweit bekannten Lagerstätten von wichtigen Rohstoffen wie Gold, Diamanten, Zink, Kupfer, Erze und Erdöl befinden sich in Afrika. Auch Produkte wie Baumwolle, Erdnüsse, Kaffee und Kakaobohnen, die afrikanische Bauern anbauen, sind weltweit begehrt.

Das könnten eigentlich gute Einnahmequellen für viele afrikanische Staaten sein. Aber bis auf wenige Ausnahmen exportieren sie *unverarbeitete* Rohgüter in alle Welt. Die Elfenbeinküste ist beispielsweise der weltweit größte Anbauer von Kakaobohnen. Diese werden etwa nach Deutschland verkauft – dem weltweit zweitgrößten Importeur –, wo sie zu Schokolade weiterverarbeitet werden. Die Preise für Kakaobohnen, Kaffeebohnen oder Baumwolle auf dem Weltmarkt sind jedoch sehr schwankend. So zahlte man für eine Tonne Kakaobohnen im Jahr 1985 2.272 Euro, im Jahr 2001 mit 1.090 Euro weniger als die Hälfte und im Jahr 2003 wieder 2.189 Euro. Wer also Rohstoffe verkauft, macht sich abhängig von diesen Preisschwankungen. Konkurrierende Länder, wie Indonesien oder Usbekistan, bieten dagegen zunehmend *verarbeitete* Produk

Kakaoanbau bei San Pedro (Elfenbeinküste)

te auf dem Weltmarkt an. Statt Kakaobohnen verkaufen sie Kakaopulver, statt Rohdiamanten geschliffene Diamanten, statt Baumwollfasern Baumwollgarn – und verdienen damit viel mehr Geld. Doch bis heute können viele afrikanische Länder diese sogenannte Veredelung nicht leisten.

Afrika hat noch ein weiteres Problem: Produktivität. „Produktivität" bezeichnet das Verhältnis der produzierten Güter im Vergleich zu den dafür aufgebrachten Leistungen. Ein Bauer in Sambia benötigt für die Produktion von einer Tonne Getreide deutlich mehr Düngemittel, Wasser und Arbeitskraft, also letzt lich mehr Zeit und Geld, als beispielsweise ein Bauer im asiatischen Land Vietnam. Auf dem globalisierten Markt ist der Bauer aus Vietnam also im Vorteil, er kann seine Produkte billiger anbieten, weil er „produktiver" ist.

Warum das so ist? Afrikas Bauern müssen oft auf veraltete Anbaumethoden und Technologien zurückgreifen. Durch das hohe Bevölkerungswachstum werden die Felder immer kleiner und damit unwirtschaftlicher. Die Infrastruktur, also Straßen und Transportmittel, sind oft in schlechtem Zustand. Damit ist der Zugang zu Märkten, wo die Waren verkauft werden, erschwert. Auch die zahlreichen bewaffneten Konflikte sowie Korruption und unsichere politische Verhältnisse sorgen für eine niedrige Produktivität – und damit für mangelnde Wettbewerbsfähigkeit auf dem Weltmarkt.

Wettbewerbsverzerrung

Was die Lage für afrikanische Produzenten noch schwieriger macht, ist die Handelspolitik Europas und der USA. Sie schotten ihre Märkte nämlich gegen afrikanische Waren ab.

Die westafrikanischen Länder Mali und Burkina Faso produzieren beispielsweise die hochwertigste Baumwolle der Welt. Natürlich würden sie diese gerne auch in die USA exportieren. Doch die USA produzieren selbst Baumwolle – diese ist allerdings von geringer Qualität. Um die bessere afrikanische Baumwolle vom einheimischen Markt fernzuhalten und den nicht konkurrenzfähigen US-Baumwollpflanzern das Überleben zu

| Baumwollernte in Burkina Faso

sichern, zahlte die amerikanische Regierung unter Präsident Bush Beihilfen in Höhe von vier Milliarden Dollar jährlich an die amerikanischen Farmer. Damit können Afrikas Pflanzer natürlich nicht konkurrieren – auch wenn ihre Baumwolle viel hochwertiger ist.

Erdnüsse sind ein weiteres Beispiel: Die USA erheben Einfuhrzölle von 122 Prozent auf *Peanuts* aus Uganda. Damit wollen sie die amerikanischen Erdnussproduzenten schützen. Denn durch den „Strafzoll" von 122 Prozent werden die Nüsse aus Afrika für den amerikanischen Käufer unerschwinglich – er greift im Supermarktregal lieber zu den einheimischen Peanuts.

Die Liste solcher Subventionen* und Handelsschranken ist lang – und ein Beweis für den ungleichen Wettbewerb zwischen Giraffe und Antilope. Während die Amerikaner und Europäer ihre Waren ungehindert auf den afrikanischen Markt werfen, riegeln sie den eigenen gegen afrikanische Produkte ab. Allerdings haben sowohl die EU als auch die USA in den letzten Jahren Bemühungen unternommen, den gering entwickelten Ländern südlich der Sahara einen besseren Marktzugang zu ermöglichen.

Als 2003 US-Präsident George Bush Uganda besuchte, sagte Präsident Yoweri Museveni einen Satz, den Afrikaner seitdem auf allen großen Gipfeltreffen wiederholen: „Ich will keine Entwicklungshilfe. Ich will Handel. Hilfe kann eine Gesellschaft nicht verändern."

Längst ist klar, dass sich Europa und die USA ihre Entwicklungshilfe buchstäblich sparen könnten, wenn sie den afrikanischen Ländern die Einfuhr ihrer Produkte ein wenig erleichtern würden. Ob sich angesichts der weltweiten Wirtschafts- und Finanzkrise diese Forderung umsetzen lässt, erscheint allerdings fraglich. Denn dem deutschen oder französischen Agrarminister sind die eigenen Bauern (und Wähler!) allemal näher als die afrikanischen.

Entwicklungshilfe für Afrika – eine echte Hilfe?

1 Billion Euro. Oder: 1.000.000.000.000. Euro. Hier geht es um eine Menge Geld. So viel Entwicklungshilfe ist in den vergangenen 50 Jahren nach Afrika geflossen.

Die schlechte Nachricht ist: Es hat nicht geholfen, im Gegenteil, es hat alles nur schlimmer gemacht. Das sagt nicht der Autor dieses Buches, sondern das sagen zwei Afrikaner. Einer von ihnen heißt James Shikwati. Shikwati ist Kenianer und eigentlich Lehrer von Beruf. Irgendwann stieß Shikwati auf das Thema Entwicklungshilfe, es ließ ihn nicht mehr los und er gab das Unterrichten auf.

Entwicklungshilfe ist das Geld, das eine Regierung, etwa die deutsche Regierung, oder eine große Organisation wie die Vereinten Nationen* für Afrikas Entwicklung ausgibt. Entwicklungszusammenarbeit nennt sich das.

Es können auch sogenannte Nichtregierungsorganisationen (kurz NRO) sein, die Entwicklungshilfe leisten. NRO gehören, wie der Name sagt, keiner Regierung an, sondern es sind private Organisationen, die Spenden sammeln und diese dann nach Afrika schicken. Die Deutsche Welthungerhilfe ist so eine NRO. Während Nichtregierungsorganisationen oft eigene Mitarbeiter in Afrika haben, um das Geld vor Ort auszugeben, überweisen Regierungen ihre Entwicklungshilfe meistens an andere Regierungen. Also: Die deutsche Regierung überweist der Regierung von Kenia 300 Millionen Euro. Damit soll diese Schulen bauen, sodass sich nicht mehr 80 oder 90 kenianische Schüler in ein Klassenzimmer zwängen müssen. Die deutsche Regierung kann das Geld aber auch einer Organisation wie den Vereinten Nationen anvertrauen, weil diese ohnehin Schulen in Kenia baut oder weil Deutschland glaubt, dass das Geld dort besser aufgehoben ist als bei der (korrupten) Regierung von Kenia.

Deutschland und Kenia schließen daraufhin einen Vertrag. Darin verpflichtet sich Kenia, das Geld bis zu einem bestimmten Jahr an Deutschland zurückzuzahlen. Das Geld ist also nur geliehen, nicht geschenkt.

Die Briten, Franzosen, Italiener und Portugiesen wollten ihren ehemaligen Kolonien in Afrika bei dem schwierigen Übergang in die Selbstständigkeit helfen. Deshalb gründeten sie 1961 die Organisation für Wirtschaftliche Zusammenarbeit und Entwicklung (kurz OECD). Diese war fortan dafür zuständig, die Entwicklungshilfe der ehemaligen Kolonialherren in Afrika zu verwalten.

„Stoppt die Entwicklungshilfe. Sofort", ruft James Shikwati in das Mikrofon, wenn er wieder einmal in Washington oder Paris einen Vortrag über die wirtschaftliche Lage Afrikas hält. „Die meisten Afrikaner würden es gar nicht merken, wenn die Gelder gestrichen würden. Sie haben ja bislang auch nichts von dem Geld gesehen." Und er erklärt, warum ausgerechnet Botswana, das praktisch keine Entwicklungshilfe bekommen hat, heute Afrikas Musterland ist. Denn so viel ist klar: Wie bei der Demokratisierung kommt es eben auch bei der Entwicklungszusammenarbeit auf eine gute Regierungsführung an.

Lange Zeit war Shikwati der einzige Afrikaner, der es „wagte", Entwicklungshilfe zu kritisieren. Seit 2009 hat er Gesellschaft bekommen. Die Sambierin Dambisa Moyo hat sich ihm angeschlossen.

Dambisa Moyo stammt aus Sambia, wo sie 1969 geboren wurde. Sie studierte an den Eliteuniversitäten Harvard und Oxford, wo sie ihren Doktor in Volkswirtschaft ablegte. Zuletzt hat sie als Investmentbankerin gearbeitet. Die Sambierin hat ein Buch veröffentlicht, in dem sie beschreibt, wie das Entwicklungsgeld des Westens vor allem in den Taschen afrikanischer Beamter und Politiker landet.

Der für die Bekämpfung von Wirtschaftskriminalität zuständige Direktor der Finanzbehörde von Nigeria, einem der korruptesten Länder Afrikas, hat ausgerechnet, dass seit der Unabhängigkeit des Landes 1960 umgerechnet etwa 400 Milliarden Euro Entwicklungshilfe gestohlen worden sind. Für das Geld könnten 32 Millionen Klassenräume gebaut oder 3.800 Kilogramm Reis für jeden Nigerianer gekauft werden.

Moyo erklärt, dass Entwicklungshilfe von außen die Regierungen in Afrika korrupt macht. Denn wenn den Politikern plötzlich ein ganzer Haufen Geld überwiesen wird, ist es sehr verlockend, ein bisschen von diesem Geld in die eigene Tasche zu stecken. Oder den Brunnen, der mit dem Geld gebaut werden soll, im eigenen Geburtsdorf zu bauen und nicht im Nachbardorf. Und so weiter. Solche korrupten Politiker untergraben die Gesetze des Landes. Das Beispiel macht Schule und irgendwann bereichert sich jeder, angefangen vom kleinsten Beamten. Dies spricht sich auch im Ausland herum. Ein deutscher Unternehmer baut dann vielleicht lieber in China als im korrupten Afrika eine Fabrik. Deshalb sinkt das wirtschaftliche Wachstum – und die Armut steigt. Als Antwort darauf werden die Entwicklungshilfegelder erneut aufgestockt. Und so dreht sich der Teufelskreis weiter und weiter.

Was bedeutet Schuldenerlass?

Die Regierung von Kenia will eine neue Straße bauen, von Nairobi zur Hafenstadt Mombasa. Die kann Entwicklung bringen, wenn nämlich die Waren, die Kenia ins Ausland verkauft, schneller und sicherer zum Hafen und also auch schneller nach London oder Singapur kommen. Schweden sagt also einen Kredit* über 200 Millionen Euro zu. Das Geld müssen die Kenianer zurückzahlen, mit Zinsen, versteht sich.
Kenia exportiert Schnittblumen nach Europa. Auch hier hätte die Regierung gerne Unterstützung, eine Berufsschule

muss her, damit junge Floristen ausgebildet werden können. Ein Entwicklungsprojekt, na klar! Die Norweger geben
einen Kredit in Höhe von 50 Millionen Euro. In den Straßen
von Nairobi türmt sich der Abfall, die Müllentsorgung funktioniert noch immer nicht. Das ist gesundheitsschädlich und
vertreibt die wichtigen Touristen. Ein Entwicklungsprojekt!
Deutschland hilft mit 100 Millionen Euro, deutsche Experten
erstellen einen Abfallentsorgungsplan für die Stadtver-
waltung von Nairobi.

Macht zusammen 350 Millionen Euro, die Kenia von Deutschland, Schweden und Norwegen geliehen hat – und die es
ihnen (mit Zinsen!) zurückzahlen muss.

Weil nun viele afrikanische Länder solche Entwicklungskre-
dite aufgenommen haben, sitzt Afrika „in der Schuldenfalle". In einer Schuldenfalle sitzt jemand, der sich viel Geld
geliehen hat und es nicht zurückzahlen kann. Er muss sich
deshalb neues Geld leihen und verschuldet sich dadurch
immer höher ...

Nach einer jahrelangen Kampagne wurden ab 2005 zahlreichen afrikanischen Ländern Hunderte Milliarden an Schulden
gestrichen. Kenia müsste also im Beispiel oben Schweden,
Norwegen und Deutschland das geliehene Geld nicht zurückzahlen.

Der Schuldenerlass ist heftig umstritten: Befürworter sagen,
durch die Streichung der Schulden hätten die betroffenen Länder mehr Spielraum für Ausgaben in Bildung und Gesundheit.

Kritiker verweisen darauf, dass 14 gerade erst entschuldete Entwicklungsländer*, die meisten von ihnen aus Afrika, bereits Ende 2009 erneut vor der Zahlungsunfähigkeit standen und 22 ernsthaft gefährdet waren. Was die Europäer und die Amerikaner bei ihrer Entschuldung nämlich nicht bedacht hatten: Die Chinesen engagieren sich neuerdings besonders stark in Afrika und vergeben Kredite zu besonders günstigen Bedingungen. Da sagen viele Politiker nicht Nein – und tappen geradewegs wieder in die Schuldenfalle.

> „Nach einem halben Jahrhundert personeller und finanzieller Entwicklungshilfe für Afrika stellen wir fest, dass unsere Politik versagt hat. (...) Mit Hunderttausenden Projekten, die viele Milliarden Dollar gekostet haben, ist es nicht gelungen, Afrika zu einem (...) wirtschaftlichen und sozialen Fortschritt zu verhelfen. Die Mehrheit der Menschen in den meisten Ländern Afrikas hat heute keine besseren Lebensbedingungen als vor 50 Jahren."
>
> *Bonner Appell für eine andere Entwicklungspolitik*

Viele Entwicklungsexperten fordern statt Schuldenerlass und Entwicklungshilfe eine vollkommene Neuorganisation der Entwicklungszusammenarbeit mit ärmeren Ländern, insbesondere in Afrika. Sie machen sich vor allem für Entwicklungsprojekte in den Bereichen Schulbildung, Berufsausbildung und für Kleinkreditprogramme stark. Denn eines der größten Probleme

Afrikas ist, dass von einer Milliarde Menschen kaum einer kreditwürdig ist, also von keiner Bank Geld geliehen bekommt. Das aber braucht jeder, der einen kleinen Kiosk aufmachen, ein Schuhputzset kaufen oder in ein paar Autos für ein Taxiunternehmen investieren will. Projekte zur Organisation von Kleinkrediten schließen diese Lücke. Oft sind es nur ein paar Hundert Euro, die verliehen werden. Es sind also nicht immer die teuren Projekte, die den größten Nutzen bringen.

Und noch etwas Kluges haben diese Entwicklungsexperten herausgefunden: Wer anderen wirklich helfen will, muss sich Zeit nehmen und auf die Kultur seines Entwicklungspartners eingehen. Deshalb raten die Experten den Entwicklungshelfern: „Sitzt nicht in euren Büros und füllt immer neue Listen aus.

Gebt uns keine Fische, zeigt uns lieber, wie man angelt!

Sondern geht raus zu den Menschen, denen ihr helfen wollt." Wenn ein Entwicklungshilfeprojekt wie ein UFO plötzlich über einem afrikanischen Dorf aus dem Himmel fällt, stehen die Chancen, dass sich die Menschen dafür begeistern lassen, schlecht. Wenn es langsam entsteht, im persönlichen Kontakt und auf Anregung der Betroffenen selbst, dann werden aus Spendenempfängern echte Entwicklungspartner.

Entwicklungspartnerschaft aus Afrika für Afrika

2006 setzten sich der Arzt Jeremiah Kiponda Kambi und einige Freunde zusammen. Gemeinsam wollten sie ein Problem angehen, das nicht nur in ihrem Heimatland Kenia, sondern in ganz Afrika weitverbreitet ist. Dort können sich viele Schüler aufgrund der hohen Schulgebühren den Besuch des Gymnasiums nicht leisten. Auch wenn ihre Noten hervorragend sind. Was also tun? Kambi und Freunde gründeten eine Organisation, die bedürftige Schüler unterstützt. Bei einer Afrika-Reise stoßen zwei Schweizer, Florian Kowalke und Kristin Kapitza auf Kambi. Sie sind gekommen, um „etwas Sinnvolles in Afrika zu tun", wie sie sagen. Bildung, das bestätigen ihnen die jungen Kenianer mit denen sie sprechen, ist der Schlüssel zur Entwicklung ihres Landes. Doch wie sollen kluge Köpfe in einem Land ausgebildet werden, in dem der Gymnasiumsbesuch 400 Euro im Jahr kostet, das Durchschnittseinkommen eines Kenianers aber nur 500 Euro pro Jahr beträgt? Die Idee ist schnell geboren:

Mit ihren Kontakten in Europa werden die beiden Schweizer dem Kenianer Kambi helfen, Sponsoren für Schulstipendien zu finden.

Inzwischen hat die Organisation „Aiducation" („aid" bedeutet Hilfe, „education" Erziehung), deren Mitarbeiter ohne Bezahlung arbeiten, bereits Dutzende Stipendien vermittelt. Einer der Glücklichen ist Julius Mramba aus Kenia. Julius absolvierte die Grundschule als einer der Besten. Doch seine Eltern konnten die Gebühr für die weiterführende Schule nicht bezahlen. Mit einem Stipendium besucht Julius nun das Gymnasium – und hat schon große Pläne. Er will einmal Richter werden, um den Armen Kenias zu helfen. Das ist ein ganz schön harter Beruf, den sich Julius da ausgesucht hat. Alles Gute!

(Wer mehr über die Arbeit der Organisation wissen will, der kann im Internet unter http://www.aiducation.org. nachlesen.)

Afrikas Aderlass. Warum es in England mehr malawische Ärzte als in ganz Malawi gibt

Der Stock des Lehrers wandert über die alte Schiefertafel, die notdürftig auf einem wackligen Dreibein montiert ist. Die Schüler sitzen im Kreis, sprechen in unsicherem Englisch die Zahlen nach: „One, two, three, four ..." Sie müssen laut rufen, denn ihr Klassenzimmer befindet sich unter freiem Himmel. Ein Affenbrotbaum spendet zwar etwas Schatten, dennoch ist es schon um acht Uhr morgens brütend heiß in Rumbek. Rumbek ist ein kleines Dorf im Süden Sudans, Afrikas größtem Flächenstaat. Fast 20 Jahre lang hat es hier in Rumbek Krieg gegeben. Nun herrscht Frieden – doch Schulgebäude gibt es damit im-

Improvisierter Unterricht im Freien

mer noch nicht. Sie wurden im Krieg zerstört und für den Wiederaufbau fehlt es der Regierung an Geld. Zugegeben, dies ist ein extremes Beispiel, aber in vielen afrikanischen Dörfern ist die Lage fatal: Oft fehlt es an Tischen und Bänken, Schulbüchern und Heften. Lineal und Radiergummi sind Luxusartikel.

Afrikas Bildungseinrichtungen, also die Grundschulen, die höheren Schulen und selbst die Universitäten, sind in einem schlimmen Zustand. Dabei sind sich alle einig, dass die Menschen dort vor allem Bildung benötigen. Aber warum ist denn das Bildungswesen so schlecht?

Zunächst hatten die meisten Afrikaner unter der Kolonialherrschaft keinen Zugang zu Bildung. Diese war den weißen Europäern und wenigen auserlesenen Afrikanern vorbehalten, die in der Verwaltung arbeiten durften. Nur die Missionare öffneten ihre Schulen für Afrikaner – natürlich mit dem Hintergedanken, sie für ihre jeweilige Glaubensrichtung zu gewinnen. Nach der Unabhängigkeit investierten viele Länder in Bildung – sie wollten das Versäumte nachholen. Doch schon bald gab es in vielen Ländern innere Unruhen und Bürgerkriege und statt Schulbüchern kauften die Politiker Panzer und Waffen. Dies ist in einigen Ländern bis heute so. Deshalb werden auch die Lehrer schlecht oder gar nicht bezahlt. Sie fehlen dann häufig im Unterricht, weil sie anderswo Geld verdienen müssen. So entsteht ein Teufelskreis.

In einigen afrikanischen Ländern können Jungen und Mädchen heute kostenlos die Grundschule besuchen. Eine fabelhafte Neuerung, denn in den meisten Ländern Afrikas ist der Schulbesuch kostenpflichtig. Sie hat vielen jungen Afrikanern, besonders Mädchen, den Schulbesuch überhaupt erst ermöglicht. Mädchen müssen nämlich, wenn das Geld der Familie nicht reicht, als Erste die Schule verlassen und im elterlichen Haushalt mithelfen. Jungen dürfen mit etwas Glück weiter zur Schule gehen, bis auch sie als Hirten, Feldarbeiter oder Straßenverkäufer zum Überleben der Familie beitragen müssen.

Viele Grundschulen können jedoch den plötzlichen Andrang der Kinder kaum bewältigen – und darunter leidet der Unterricht. Denn welcher Lehrer kann bei 100 Kindern pro Klasse schon Hausaufgaben kontrollieren? Für viele Schüler ist es außerdem enttäuschend, dass sie nach der Grundschule nicht weitermachen können: Denn die weiterführenden Schulen kosten wieder Schulgeld.

Zum Glück gibt es genügend Afrikaner, die trotz der Probleme einen hervorragenden Abschluss machen, studieren und einen guten Job finden. Dann kommt jedoch schon das nächste Problem: Die reichen Länder werben qualifizierte Arbeitskräfte ab. Professoren, Lehrer, Computerspezialisten – und ganz besonders Ärzte und Krankenschwestern. Und das hat zum Beispiel für Afrikas Gesundheitssystem schlimme Folgen:

Die Hälfte aller ghanaischen Ärzte arbeitet in den USA. Bis zu 100 Ärzte verlassen jedes Jahr Südafrika. Und in der englischen Stadt Manchester arbeiten mehr malawische Ärzte als in Malawi selbst. Unterm Strich: Jeder fünfte in Afrika geborene Arzt und jede zehnte Krankenschwester führt die erlernte Tätigkeit nicht in Afrika, sondern in einem Industrieland aus.

„Braindrain", so heißt dieses Phänomen, frei übersetzt: „der Verlust von schlauen Köpfen". Es bezeichnet die Abwanderung qualifizierter Berufsgruppen aus Afrika nach Europa, in die USA und immer mehr in die reichen Golfstaaten, beispielsweise nach Saudi-Arabien.

Statistiken beweisen, dass Kriege die Abwanderung beschleunigen: So arbeitete ein Drittel aller Ärzte in Angola und Mosambik nach Jahren des Bürgerkrieges im Ausland. In einem stabilen und relativ reichen Land wie Botsuana dagegen bleiben die Ärzte und Schwestern. Die Verdienstmöglichkeiten im Land sind lohnend genug.

Die Mediziner sind nicht die Einzigen, die in die reichen Industrieländer abwandern. Heute gibt es mehr afrikanische Wissenschaftler und Ingenieure in den USA als auf dem gesamten afrikanischen Kontinent. Das jüngste Phänomen sind Fußballspieler: Inzwischen spielen hoffnungsvolle Nachwuchskicker aus Nigeria und Ghana sogar am anderen Ende der Welt in der Ukraine oder in Deutschland, um ein vernünftiges Gehalt zu verdienen. Wer als Schriftsteller in Afrika bleibt, kämpft gegen Behörden, Schreibverbote, steigende Papierpreise und findet oft wenig Leser, da viele Afrikaner nicht lesen können. Die

Der Nigerianer Chinedu Obasi kickt bei 1899 Hoffenheim.

meisten afrikanischen Schriftsteller und Künstler leben heute in Europa oder den USA.

Die Abwanderung dieser geistigen Elite trifft Afrika mindestens so sehr wie der Verlust von Ärzten und Krankenschwestern. Denn ohne Dichter und Denker gibt es niemanden in der Gesellschaft, der etwa Korruption anprangert und die Mächtigen zur Rechenschaft zieht. Es gibt aber auch ein wirtschaftliches Problem: Jährlich verliert der Kontinent eine Milliarde Dollar an Steuereinnahmen, weil die Ärzte und Ingenieure ihre Steuern in Manchester oder New York, aber nicht mehr in Malawi oder im Senegal zahlen. Und weil Afrika die abgewanderten Fachkräfte durch ausländische ersetzen muss, kostet dies den Kontinent weitere vier Milliarden Dollar – im Jahr.

Man könnte dem „Braindrain" jedoch auch eine gute Seite abgewinnen: Denn der malawische Arzt in Manchester überweist Monat für Monat einen Großteil seines Gehaltes zurück an seine Familie im armen Malawi. Ohne diese Überweisungen aus

Europa oder Amerika wären Länder wie Somalia oder Eritrea schon längst bankrott. Die beste Lösung aber wäre, wenn die hoch qualifizierten Menschen im eigenen Land blieben. Doch die Grundvoraussetzungen dafür sind politische Meinungsfreiheit, die pünktliche Überweisung des Gehalts und Bildungschancen für die Kinder.

Südafrika hat aus der Not eine Tugend gemacht: Dank des herrlichen Wetters, der prächtigen Natur, eines attraktiven Wechselkurses und gut ausgebildeten Personals ist es dem Land gelungen, sich als Kulisse für Werbespots und Spielfilme zu vermarkten. Die Arbeit mit internationalen Crews wiederum hat die Film- und Medienschaffenden am Kap zu Profis werden lassen, sodass die Branche heute boomt. Das Ganze hat einen neuen Namen: „Braingain", frei übersetzt: „Kluge Köpfe hinzugewinnen!".

Aids und Malaria – die afrikanischen Plagen

In Afrika begegnen einem immer wieder ganz unglaubliche Erfolgsgeschichten – man muss nur gut hinschauen. Es gibt eine, die beginnt in einem norddeutschen Dorf und endet in einer Stadt im Osten der Demokratischen Republik Kongo an der Grenze zu Ruanda. Sie handelt von einem, der auszog, die Welt zu sehen, und der heute dafür sorgt, dass Hunderttausende Afrikaner Zugang zu preiswerten Medikamenten haben und der außerdem mitten im Bürgerkrieg den Kongolesen Zuversicht und Arbeitsplätze gibt.

M wie Malaria*. Oder M wie Moskitonetze

Der deutsche Landwirt Horst Gebbers wuchs in einem kleinen Ort bei Wolfsburg auf und wollte bald hinaus in die Welt. Und so landete er als Entwicklungshelfer im Kongo. Zunächst betreut er auf einer Missionsstation im Westen des riesigen Landes die Rinderherde eines Nonnenklosters. Dann kam das Jobangebot einer Arzneimittelfabrik. Sie liegt in Bukavu ganz im Osten am malerischen Kivusee – ein kleines Paradies. Gebbers sagte zu. Seine Aufgabe ist es nun, die Plantagen der Medizinfirma zu betreuen. Denn dort wächst der wertvolle Cinchonabaum, aus dessen Rinde ein hochwirksames Mittel gegen Malaria hergestellt wird.

Das Wort Malaria stammt aus dem italienischen *mala aria:* „schlechte Luft". Weil diese vor allem aus Sümpfen aufsteigt, wird Malaria auch Sumpffieber genannt. Die Tropenkrankheit wird von weiblichen Stechmücken übertragen. Die Symptome sind hohes Fieber, Schüttelfrost und Krämpfe. Nach Angaben der Weltgesundheitsorganisation stirbt weltweit jährlich knapp eine Million Menschen an Malaria, die meisten von ihnen sind Kinder unter fünf Jahren. Neun von zehn Malaria-Erkrankten leben auf dem afrikanischen Kontinent – das sind 225 Millionen Menschen! Zum Vergleich: In Deutschland werden jährlich ca. 900 Erkrankte gemeldet, von denen nur einige wenige sterben. Die Verbreitung der Krankheit entspricht in etwa der Temperaturverteilung. Wo es also auf der Welt tropisch warm ist, da ist das Risiko einer Malaria-Erkrankung hoch. Angesichts der Klimaerwärmung breitet sich die Malaria heute weltweit aus – vor allem in Afrika. Da es keinen Impfstoff gegen Malaria gibt, gilt für Einheimische wie für Besucher: vorbeugen! Mit Tabletten, heller, Haut bedeckender Kleidung, Moskitospray oder Räucherspiralen und vor allem einem Fliegengitter oder Moskitonetz.

Das Medikament (das Horst Gebbers, dem die Firma inzwischen gehört) und seine Mitarbeiter im Ostkongo aus der Baumrinde herstellen, ist Chinin. Chinin hat einen bitteren Geschmack und wird als Aromastoff für Tonic Water und Bitter Lemon verwendet. Das Chinin wird zu Tabletten oder einem Trinksirup verarbeitet und zur Vorbeugung gegen eine Malaria-Erkrankung, aber auch zur Behandlung eines akuten Schubes verwendet. Chinin ist ein natürlicher Wirkstoff. Es hat praktisch keine Nebenwirkungen, die Malaria-Mücken werden nicht resistent und es ist billig. Die Tabletten kosten nur einige wenige Eurocents und sind damit für alle erschwinglich. Wenn Horst Gebbers diese Medikamente mitten im Kriegsgebiet Ostkongo herstellen kann, dann muss man sich schon fragen, warum die Malaria in Afrika nicht längst ausgerottet ist. Vermutlich, weil weder Pharmakonzerne in Europa und Amerika noch Politiker in Afrika ein ernsthaftes Interesse daran haben.

„Steuern auf Moskitonetze abschaffen, ihr Politiker!"

Babou ist acht Jahre alt und lebt im Senegal in Westafrika. Hier ist es heiß und es gibt viele Moskitos. Babou lebt mit seinen Eltern und vier Geschwistern in einem kleinen Häuschen nah am Meer. Der Vater ist Fischer wie viele Menschen in Senegal. Besonders in der Regenzeit, wenn das Meer aufgewühlt ist, verdient er nicht viel, weil er mit dem kleinen Boot nicht hinausfahren kann. Deshalb kann er es sich auch nicht leisten, die kaputten Fensterscheiben im Haus auszutauschen. Beim letzten Sturm sind die Scheiben geborsten und in der Dämmerung kommen die Moskitos. Immer wenn es regnet, bilden sich rund um Babous Haus kleine Tümpel. Dort brüten die Moskitos. Abends versammeln sich die Biester bei Babou und seinen Geschwistern im Schlafzimmer. Babou ist völlig zerstochen, die Bisse jucken wie verrückt. Babous kleinen Bruder Sidi hat es böse erwischt: Er hat in diesem Jahr schon die zweite Malaria-Attacke, hohes Fieber und spricht wirr im Schlaf.

So kann es nicht weitergehen. Ob die Moskitonetze helfen, von denen der Lehrer in der Schule gesprochen hat? Sogenannte imprägnierte, mit Moskitospray behandelte Netze, unter denen man nachts schläft, könnten die Kindersterblichkeit in Afrika um die Hälfte reduzieren! So ein Netz kostet etwa vier Euro. Es würde nur drei Euro kosten, wenn Afrikas Politiker mitspielen würden. Weil die Netze im Ausland hergestellt und nach Afrika eingeführt werden, müssen dafür Einfuhrsteuern bezahlt werden. Diese Steuern schlagen die Händler natürlich auf den Preis der Netze auf. So werden die Netze zu teuer für viele ärmere Afrikaner. Im Jahr 2000 versprachen auf einer großen Konferenz 43 afrikanische Länder, diese Gebühren zu streichen. Zwei Jahre später hatten 26 von ihnen die Steuern noch immer nicht erlassen. Und auch heute erheben noch immer einige Länder Einfuhrgebühren auf die lebensrettenden Moskitonetze.

Aids. Die Krankheit, „die dünn macht" – und tödlich endet

Wer heute einen Flughafen irgendwo in Afrika in Richtung Stadt verlässt, dem begegnen unweigerlich riesengroße Werbetafeln. Coca-Cola oder Pepsi, Mobilcom (ein Handyanbieter) oder

„Dieses Jahr werden fast 100.000 Kinder in Südafrika HIV-positiv sein"

Elephant Lager, das lokale Lieblingsbier. Weiter hinten stehen weitere Tafeln: „Learn the **ABC** – **A**bstain, **B**e faithful, **C**ondomise." Übersetzt heißt das: „Lerne das große ABC – Verzichte auf Sex, sei deinem Partner treu oder benutze ein Kondom beim Geschlechtsverkehr." Oder, ganz unmissverständlich: „Aids tötet. Schützt euch!"

Aids ist eine lebensbedrohliche Erkrankung, die durch das sog. *Human Immunodeficiency Virus* (HI-Virus oder HIV) verursacht wird. Das HI-Virus zerstört bestimmte Zellen, die eigentlich für die Bekämpfung von Bakterien, Viren oder Pilzen bestimmt sind. Man kann sich das ungefähr so vorstellen: Der Körper hat eine Feuerwehr, die mit einem Löschwagen zur Stelle ist, wenn ein Brand gelöscht werden muss. Wenn nun aber ein großer, gefährlicher Lkw den Löschwagen rammt und außer Gefecht setzt, dann kann die Feuerwehr nicht mehr löschen. Der Brand breitet sich also ungehindert aus. Auf den Körper übertragen heißt das: Er kann, wenn er mit HIV angesteckt ist, Angreifer nicht mehr effektiv bekämpfen. Deshalb wird er empfänglicher für Infektionen, mit denen er normalerweise problemlos fertig würde.

Der Begriff AIDS steht für das englische *Acquired Immune Deficiency Syndrome* und heißt so viel wie „Krankheitsbild der erworbenen Abwehrschwäche". Damit bezeichnet man den Ausbruch der Krankheit, die auf die Ansteckung mit dem HI-Virus folgt. Jemand, der das HI-Virus in sich trägt, ist „HIV-positiv", weil er auf den Erreger positiv getestet, das Virus also im Körper gefunden wurde.

Weil Schimpansen ein Virus in sich tragen, das fast identisch mit dem des menschlichen HI-Virus ist, gehen Wissenschaftler davon aus, dass HIV vom Schimpansen auf den Menschen übersprang. Nachgewiesen wurde das HI-Virus zuerst 1959 in der Blutprobe eines Mannes aus der Demokratischen Republik Kongo. Seitdem hat sich die Erkrankung rasant verbreitet. Weltweit leben rund 33 Millionen Menschen mit HIV. Jeder 20. Infizierte ist ein Kind. Etwa zwei Millionen Menschen sterben jedes Jahr an den Folgen von HIV/Aids. Die größten Auswirkungen hat die Aids-Epidemie in Afrika. Dort leben zwei Drittel aller Infizierten, das sind mehr als 23 Millionen Menschen. Seit Ausbruch der Aids-Epidemie sind etwa 15 Millionen Afrikaner daran gestorben.

Ein kleiner Gott: Südafrikas Aids-Idol Nkosi

Um 5.40 Uhr am Morgen des 1. Juni 2001 war der lange Kampf zu Ende: Nkosi Johnson hatte nach zähem Ringen den Wettlauf mit Aids verloren. Er war nur zwölf Jahre alt geworden. Dennoch war er im ganzen Land fast so bekannt wie Nelson „Madiba" Mandela.

„Hallo, mein Name ist Nkosi Johnson. Ich bin elf Jahre alt und habe Aids im Endstadium. Ich wurde bereits mit dem HI-Virus geboren." Mit diesen Worten hatte Nkosi, dessen Name übersetzt „Gott" heißt, ein Jahr zuvor die Teilnehmer einer internationalen Aids-Konferenz in Südafrika zu Tränen gerührt. Die Veranstaltung wurde live in alle Erdteile ausgestrahlt, und wer vorher noch nichts von der Aids-Epidemie in Südafrika gehört hatte, der hatte nun ein Gesicht zu der Krankheit vor Augen.

Nkosis Geschichte ist die vieler Hunderttausender Kinder in Afrika. Geboren in einer Armuts-

Nkosi bei seinem Auftritt vor 10.000 Menschen im Jahr 2000 in Südafrika

94

siedlung in der Nähe von Johannesburg erbte Nkosi das tödliche HI-Virus von seiner Mutter Daphne Nkosi. Sie war selbst HIV-positiv und infizierte so den Fötus in ihrem Bauch. Dass der kleine Nkosi anders als die meisten HI-infizierten Babys das zweite Lebensjahr erreichte, grenzte schon an ein Wunder.

Als Nkosi acht Jahre alt war, starb seine Mutter an den Folgen ihrer Aids-Erkrankung. Nkosi hatte Glück im Unglück. Er fand eine weiße Adoptivmutter, die ihn bei sich aufnahm. Im selben Jahr verweigerte eine Schule Nkosi die Aufnahme wegen seiner Krankheit. Eltern und Lehrer hatten sich gegen ihn ausgesprochen. Seine Adoptivmutter machte den Fall öffentlich – und der kleine Nkosi wurde über Nacht zum Symbol für den Kampf gegen die Diskriminierung, die Benachteiligung von Menschen mit HIV/Aids.

„Akzeptiert uns Menschen mit HIV/Aids", rief Nkosi den 10.000 Experten und Politikern in seiner Rede zu. „Wir sind auch Menschen. Wir sind normal. Wir haben Hände und Füße. Wir können laufen, wir können reden und wir haben Bedürfnisse wie jeder andere auch. Habt keine Angst vor uns – wir sind alle gleich."

Knoblauch und Vitamine.
Die Aids-Leugner und Aids als Tabu

Auch der deutsche Landwirt Horst Gebbers in Bukavu kann die Spuren der verheerenden Krankheit nicht übersehen. Über eine Million Kongolesen leben mit dem HI-Virus, die Dunkelziffer ist vermutlich viel höher. Als mit Beginn des Jahres 2000 mehr und mehr Angestellte seiner Firma erkrankten, handelte Gebbers: Er eröffnete auf dem Firmengelände eine HIV/Aids-Klinik, in der zunächst die Mitarbeiter und später auch die Bewohner Bukavus und der umliegenden Dörfer beraten und behandelt wurden.

Lange Zeit war es ein Tabu in Afrika, über Aids zu sprechen. „Slim disease" wurde Aids verharmlosend genannt: Die Krankheit, die dünn macht. Auf dem Friedhof sprachen der Pfarrer und die Familienangehörigen von der Lungenentzündung, die ihren lieben Angehörigen aus dem Leben gerissen habe. Das Wort Aids nahmen sie nicht in den Mund, es galt als unafrikanisch. Verschwörungstheorien machten die Runde: Drogensüchtige aus Europa hätten das Virus eingeschleppt. Oder: Der amerikanische Geheimdienst hätte HIV im Labor entwickelt, um Afrikaner zu töten.

Dann bekannten sich die ersten afrikanischen Politiker zu der Krankheit. Yoweri Museveni in Uganda war ganz vorne dabei. Zu seinem Hut trug er nun bei jeder Gelegenheit die rote Aids-Schleife. In Ugandas Hauptstadt tauchten die ersten Plakate auf: „Aids tötet. Schützt euch!" Bald wurden auch in anderen Ländern in Büros und Gefängnissen Kondome verteilt zum Schutz gegen eine Ansteckung. In Schulen gab es Aids-Aufklärung und junge Leute wurden über den Gebrauch von Kondomen aufgeklärt.

Wie wird das HI-Virus übertragen und wie kann man eine Ansteckung verhindern?

Am häufigsten wird das Virus durch Geschlechtsverkehr mit einer infizierten Person übertragen. Andere Möglichkeiten sind die Infektion durch verseuchtes Blut oder verschmutzte Nadeln und Spritzen. Drogenabhängige sind deshalb eine Hauptrisikogruppe. Unbehandelte Mütter können HIV während der Schwangerschaft und durch das Stillen auf ihre Kinder übertragen.

Es wird noch dauern, bis es einen wirklich effektiven Impfschutz gegen das HI-Virus gibt. 2009 wurde zwar ein Impfstoff entwickelt, er wirkt aber nur bei 30 Prozent der Menschen. Bis dahin ist der wirksamste Schutz vor einer Ansteckung der Gebrauch eines Kondoms beim Geschlechtsverkehr. Leider wagen es viele afrikanische Frauen nicht, diesen Schutz von ihrem Mann zu fordern. Der Gebrauch von Kondomen gilt vielen afrikanischen Männern als unehrenhaft. Besteht eine Frau darauf, wirft der Mann ihr vor, untreu zu sein – oder aber HIV-infiziert. Eine Frechheit, sind doch die Überträger in fast allen Fällen Männer oder weibliche Prostituierte, die von Männern infiziert wurden.

Es ist das Jahr 1999. In Südafrika tobt die Aids-Krankheit. Aber Thabo Mbeki, der frisch gewählte Präsident des Landes, ist ein Aids-Leugner. Für ihn gibt es keine HI-Viren. Die Menschen in Afrika sterben nicht an Aids, sondern an der Armut, sagt er. Bei seiner Recherche zu Aids ist Mbeki auf die Website des Mediziners Peter Duesberg gestoßen, eines bekannten Aids-Leugners. Was er dort liest, beeindruckt ihn so, dass er Duesberg sofort zu seinem Aids-Berater erklärt. Anstatt der hochwirksamen antiretroviralen Medikamente, die es inzwischen gibt, empfiehlt Mbeki fortan Aids-Erkrankten Olivenöl, Knoblauch, Rote Bete und Vitaminpräparate als Arznei gegen die Krankheit.

Darüber könnte man lachen, wäre die Geschichte nicht so traurig und wäre Herr Mbeki zu dem Zeitpunkt nicht der mächtigste Mann Südafrikas gewesen. Eines Landes, in dem jeder Fünfte das HI-Virus trägt. Präsident Mbekis Aids-Leugnung hat schätzungsweise 300.000 Menschen das Leben gekostet, 200.000, vor allem Kinder, haben sich unnötigerweise angesteckt, weil er den Menschen nicht geholfen hat, sich richtig zu schützen.

Wie kann man eine HI-Ansteckung bzw. Aids behandeln?

Mit modernen Medikamenten, sogenannten *antiretroviralen* Cocktails, können Infizierte ihre Lebenserwartung steigern. Eine Heilung ist jedoch nicht möglich. Lange waren solche Medikamente für Kranke in Afrika unerschwinglich. Denn die Originalmedikamente sind sehr teuer. Sie dürfen nicht nachgeahmt und zu einem günstigeren Preis verkauft werden. Inzwischen gibt es Ausnahmen. Besonders von Aids betroffene Länder dürfen Generika, also nachgeahmte, billigere Medikamente, selbst produzieren oder einführen. Auf großen internationalen Druck mussten die Pharmakonzerne außerdem die Preise für ihre Original-Medikamente in den afrikanischen Ländern stark senken.

Heute gibt es zum Glück nur noch wenige Länder, in denen Aids ein Tabu ist. Statt die Krankheit zu leugnen, beteiligen sich die Regierungen an Aufklärungskampagnen und versuchen, ihrer Bevölkerung Medikamente bereitzustellen.

Seit 2005 stellt Horst Gebbers neben den Malaria-Tabletten eine Nachahmer-Arznei des originalen, aber sündhaft teuren Aids-Medikaments her. Die Behandlung kostet etwa 150 Euro pro Jahr und Patient. Eine Behandlung mit Originalarzneien würde 10.000 Euro im Jahr kosten! Weil aber selbst 150 Euro im Jahr für die meisten Kongolesen unbezahlbar sind, unterstützen die deutsche Regierung und die NRO „Action Medeor" das Projekt. Auch dies ist ein gutes Beispiel für gelungene Entwicklungshilfe. Diese Erfolgsgeschichte macht Mut. Nachahmer werden dringend gesucht.

Die Wüste kommt. Versteppung und Wasserknappheit als Folge des Klimawandels

Es ist der 18. Dezember 2009. Im modernen Bella-Konferenzzentrum in der Hauptstadt Dänemarks, in Kopenhagen, haben sich die Präsidenten und Regierungschefs aller wichtigen Industrieländer, der Schwellenländer* und Entwicklungsländer getroffen. Sie diskutieren wieder einmal über den Klimawandel, die globale Erwärmung und deren Folgen für die Menschheit.

Allen hier am Tisch ist klar, dass etwas geschehen muss. Die von den Industrieländern durch Treibhausgase und Abholzung der Regenwälder verursachte Erderwärmung lässt sich nicht mehr abstreiten. Naturkatastrophen häufen sich, Nahrungsmittel werden besonders in Afrika immer knapper und bald soll es in Europa wieder die Malaria geben. Es muss gehandelt werden, und zwar dringend! So weit sind sich alle einig, das Problem ist nur, dass ständig einer dem anderen die Verantwortung in die Schuhe schieben möchte: Die Europäer, und vor allem die Deutschen, sind so richtig sauer auf die USA. Die verpesten die Welt am meisten, wollen aber fürs Aufräumen nicht bezahlen. Und ihren Präsidenten scheint das Klima ... nun ja ... kaltzulassen. So geht es also hin und her in Kopenhagen, und das schon seit Tagen.

Da erhebt der äthiopische Ministerpräsident Meles Zenawi die Stimme. Zenawi ist ein kleiner Mann und zunächst nimmt ihn niemand so recht wahr. Erst als er laut „65 Milliarden" ruft, verstummen die Gespräche der anderen Politiker am Tisch. Was führen die Afrikaner da bloß im Schilde?

„Also", sagt Zenawi, den die afrikanischen Präsidenten und Staatschefs zu ihrem Sprecher ernannt haben, „eure Autos verpesten die Atmosphäre. Wir in Afrika haben kaum Autos. Eure Industrien, die euch mit all den schönen Dingen versorgen, die wir uns nicht leisten können, verschmutzen die Luft. Wir Afrikaner haben allenfalls ein paar Fabriken für Fischkonserven. Ihr Reichen im Westen fliegt mit euren schicken Flugzeugen quer über den Globus und zerstört die Ozonschicht. Bei uns sind die Menschen mit dem Esel unterwegs."

Nervöses Hüsteln unterbricht die Stille.

„Kurz und gut", fährt Zenawi fort, „ihr Europäer und Amerikaner seid schuld am Klimawandel. Die Konsequenzen aber tragen vor allem wir Afrikaner."

Ein Raunen breitet sich unter seinen Kollegen aus, begleitet von zustimmendem Nicken.

„Unsere Felder und Seen verdorren, die Wüste wächst und wächst und frisst unser Ackerland. Die Menschen verhungern und unsere Kinder sterben an Cholera*. Sogar das Eis auf dem Kilimandscharo schmilzt. Aber jetzt ist Schluss!"

Zenawi unterstreicht seine Worte, indem er mit seiner Faust auf den Konferenztisch donnert, und die Zuhörer zucken auf ihren Plätzen zusammen.

„Als Entschädigung für die Folgen des Klimawandels fordern wir 65 Milliarden Dollar von euch. Und zwar jedes Jahr. Danke für Ihre Aufmerksamkeit, Ladies and Gentlemen."

So hat es sich in etwa abgespielt beim Klimagipfel in Dänemark 2009. Schon einmal haben Afrikaner Entschädigungszahlungen verlangt: für die Folgen der Sklaverei nämlich. Nun möchten sie für den Klimawandel entschädigt werden. Schaut man sich die Folgen der globalen Umweltverschmutzung in Afrika an, dann kann man die Wut der Afrikaner gut verstehen. In der Tat baden die ärmsten Länder, und zwar nicht nur in Afrika, sondern weltweit, die Umweltsünden der reichen Länder aus. Seriöse Wissenschaftler sagen, ein Drittel von Afrikas Küsten könnte in den nächsten 100 Jahren verschwinden, weil der Meeresspiegel um bis zu einem Meter steigt. Wichtige Großstädte in Küstennähe wie zum Beispiel die Touristenmetropole Kapstadt, Nigerias Wirtschaftsherz Lagos oder Ägyptens Antikenstadt Alexandria würden im Meer versinken.

Ein Land, das schon heute besonders vom Klimawandel betroffen ist, ist Kenia. Unter den verheerenden Dürren, also langen Zeiten ohne Regen, leiden vor allem die Massai. Diese Menschen leben als Rinderhirten im Süden Kenias und im angrenzenden Tansania. Wegen ihrer vermeintlich „wilden" Lebensweise als Nomaden* und ihres kriegerisch-exotischen Aussehens mit Speeren, roten Umhängen und ausgeschnittenen Ohrläppchen sind sie das bekannteste und am meisten fotografierte Volk Ostafrikas.

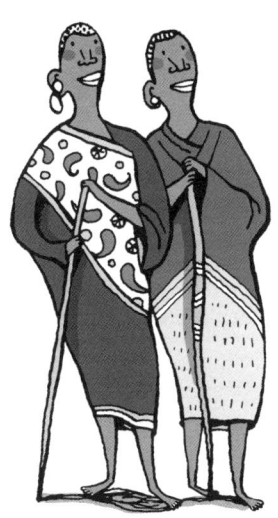

Leina Mpoke ist Massai und zudem Tierarzt. Tagtäglich erlebt er die Auswirkungen der Dürre auf sein Volk. Das Leben der Massai dreht sich um die Rinder: Wer etwas auf sich hält, muss mindestens 50 Rinder besitzen. Sie sind ihre Lebensgrundlage, aber auch Gegenstand großer Verehrung. Stirbt ein Rind, weil es in der vertrockneten Steppe Kenias keine Nahrung und kein Wasser mehr gefunden hat, verliert sein Besitzer nicht nur das Fleisch und das Blut des Tieres, das seine Nahrung darstellt, sondern auch das Ansehen in der Gruppe.

„In der Vergangenheit haben wir alle zehn Jahre eine Dürre gehabt. In den 1970er-Jahren kam die Dürre dann alle sieben Jahre. In den 1980er-Jahren alle fünf Jahre. In den 1990er-Jahren waren es schon alle zwei oder drei Jahre. Heute haben wir fast jedes Jahr eine Dürre – im gesamten Land."

Leina Mpoke über Klimaveränderungen in Kenia in den vergangenen 40 Jahren

Jeder dritte Afrikaner arbeitet in der Landwirtschaft. So baut man zum Beispiel in Äthiopien Getreide oder in Kamerun Bananen an. Wenn es aufgrund der globalen Erwärmung immer heißer wird und die Böden vertrocknen, weil der Regen ausbleibt, haben die Bauern nur noch kleine oder gar keine Ernten mehr. Die Hirse verdorrt am Halm, und wenn viele Halme in einem Land verdorren, dann kommt es zu einer Hungerkatastrophe.

Besonders schlimm ist die Lage am Horn von Afrika. Das Welternährungsprogramm der Vereinten Nationen versorgt allein dort 20 Millionen Menschen, die sonst verhungern würden. Viele Millionen Afrikaner werden zusätzlich auf Nahrungsmittelhilfe angewiesen sein, wenn eintritt, was Klimaforscher heute befürchten.

Doch nicht nur die Landwirtschaft und damit die Versorgung der Menschen mit Nahrungsmitteln ist vom Klimawandel betroffen. Auch ihre Gesundheit ist gefährdet. Mediziner warnen, dass die Zahl von Seuchen, etwa der gefährlichen Durchfallerkrankung Cholera, steigen und sich Malaria weiter ausbreiten wird.

Letztlich, so wissen Friedensforscher, steht sogar der soziale Frieden in Afrika auf dem Spiel. Wenn etwa die Rinderherden der Massai wegen ausbleibendem Regen verenden, wie es in den letzten Jahren immer wieder geschehen ist, dann werden die Hirten über Nacht mittellos. Sie müssen sich eine Arbeit suchen, um Geld zu verdienen.

Doch das ist schwer, denn die wenigsten von ihnen haben eine Schule besucht und einen Beruf erlernt. Also ziehen die Massai in die Städte, weil es dort vielleicht Hilfsjobs gibt, die sie auch ohne Schulabschluss machen können. Doch in Eldoret, Mombasa oder der Hauptstadt Nairobi warten keine Jobs, nicht einmal Professoren bekommen dort Arbeit. Auf die Massai, die es nicht gewohnt sind, in einem Haus, geschweige denn in einer Stadt zu leben, warten Alkoholmissbrauch, Prostitution* und, wenn es ganz schlimm kommt, der Weg in die Kriminalität.

Schon jetzt ziehen Millionen Flüchtlinge kreuz und quer durch Afrika. Sie sind auf der Flucht vor Kriegen oder auf der Suche nach einem besseren Platz zum Leben. Wenn die Weiden weiter versteppen und die Seen austrocknen, wird ihre Zahl ebenfalls steigen. Der Umweltminister von Nigeria, Afrikas bevölkerungsreichstem Land, hat ausgerechnet, dass bis zum Jahr 2020 etwa 180 Millionen Afrikaner durch die Folgen des Klimawandels obdachlos werden.

Doch es gibt auch Lichtblicke im Zusammenhang mit dem Klimawandel. Wissenschaftler aus Kenia sagen, dass Teile der Landwirtschaft sogar von höheren Temperaturen und veränderten Wetterbedingungen profitieren könnten. Sowohl im fruchtbaren Hochland Kenias als auch in Tansania könnte demnach der Ertrag an den Hauptnahrungsmitteln Mais und Bohnen in den nächsten 20 bis 40 Jahren steigen. Doch damit in Zukunft wirklich mehr Mais und Bohnen wachsen, müssen die Bauern ihre Anbauweise ändern. So müssten sie wegen der zunehmenden Trockenheit andere Maissorten anbauen und zwischen Ackerbau und Viehzucht wechseln, um die Böden zu entlasten. Finanziert werden könnten diese Reformen aus den Entschädi-

I Wangari Maathai auf der Klimakonferenz in Kopenhagen

gungszahlungen der Industrienationen. Die 65 Milliarden Dollar wurden den Afrikanern auf der Klimakonferenz in Kopenhagen allerdings erst für das Jahr 2020 unverbindlich zugesagt. Es ist sicherlich richtig, wenn die westlichen Industrienationen Afrika bei der Bewältigung der Folgen des Klimawandels unterstützen, wie es Afrikas Politiker fordern. Doch das schützt Afrika nicht vor der Eigenverantwortung – sagt die kenianische Umweltschützerin und Nobelpreisträgerin Wangari Maathai. Afrika soll nicht die Fehler der westlichen Industrieländer wiederholen und bei seiner Entwicklung den Umwelt- und Klimaschutz vergessen, mahnt die „grüne" Kenianerin. Doch Umweltschutz benötigt Geld – und vor allem politischen Willen. Beides ist in Afrika leider (noch) nicht genügend vorhanden. Aber wäre dies nicht ein guter Ansatz für Entwicklungshilfe? Statt Afrika Entschädigungsgeld zu überweisen, könnten die Industrienationen ihre sogenannte „grüne Technologie" zur Verfügung stellen. Wir Deutschen könnten Windräder, Sonnenkollektoren oder Recyclinganlagen nach Afrika schicken. Wir stellen die Technologie, Afrika wendet sie an. Eine Partnerschaft für Entwicklung und für den Klimaschutz. *Win-win*-Situation nennen das Entwicklungsexperten. Das heißt: Alle können dabei nur gewinnen.

„Brennholz oder Handy"?
Afrikas Frauen an die Macht!

Rose Mukantabana ist die Präsidentin des ruandischen Parlaments. Das ist nicht zu verwechseln mit dem Präsidenten des Landes. Aber deshalb ist sie nicht minder wichtig. Denn im Parlamentsgebäude in Kigali, der Hauptstadt des kleinen ostafrikanischen Landes Ruanda, geht es manchmal hoch her.

Und dann ist es an Rose Mukantabana, für Ruhe und Ordnung zu sorgen. Eine Frau in diesem wichtigen Amt ist in Afrika nach wie vor eine kleine Sensation. Und es ist kein Zufall, dass dies in Ruanda passiert. In keinem anderen Staat der Welt gibt es so viele weibliche Abgeordnete wie hier, nämlich 56 Prozent. Das ist mehr als erstaunlich für ein patriarchalisches* Land, ein Land also, in dem die Frau traditionell dem männlichen Familienoberhaupt untergeordnet ist. Doch diese Rollenverteilung – der Mann hat das Sagen, die Frau ge-

Die Juristin und Menschenrechtlerin Rose Mukantabana ist seit 2008 Parlamentspräsidentin von Ruanda.

horcht – änderte sich in Ruanda 1994. In jenem Jahr starben bei dem Völkermord in nur 100 Tagen 800.000 Menschen.

„Es gibt keine Teufel mehr in der Hölle. Sie sind alle in Ruanda."

So beschrieb ein Missionar im Mai 1994 den Völkermord in Ruanda: Innerhalb von 100 Tagen erschossen und erschlugen Fanatiker vom Volk der Hutu rund 800.000 Angehörige des Volkes der Tutsi.

Es gab viele Anzeichen für den bevorstehenden Übergriff der Hutu gegen die von ihnen verachteten Tutsi. Auch die Vereinten Nationen (UN) in New York waren gewarnt – doch der Zuständige, der spätere UN-Generalsekretär und Nobelpreisträger Kofi Annan, nahm die Warnung nicht ernst.

So konnten die militanten Hutu in aller Ruhe sogenannte „schwarze Listen" mit Namen von Tutsi-Angehörigen und gemäßigten Hutu erstellen, die es zu ermorden galt. Waffenvorräte wurden wenig heimlich ins Land geschmuggelt. Am 6. April 1994 war der Abschuss des Flugzeuges des ruandischen Präsidenten Habyarimana über Kigali zugleich der Startschuss für eines der größten Menschheitsverbrechen dieses Jahrhunderts.

Die UN, aber auch die USA, Belgien und Frankreich müssen sich vorwerfen lassen, die systematische Ermordung von 800.000 Menschen nicht nur nicht gestoppt, sondern teilweise in Kauf genommen zu haben. Sie alle waren im Vorfeld über die drohende Katastrophe informiert.

Die meisten der Opfer waren Männer. Übrig blieben Hunderttausende von Witwen, die von nun an das Sagen in ihren Familien hatten. „Eine Frau kennt die Probleme einer Familie. Deshalb kann sie einem Land am besten helfen, sich zu entwickeln." So hat es einmal eine Ruanderin gesagt, als sie gefragt wurde, ob Frauen bessere Politiker als Männer seien.

Der Präsident von Ruanda unterstützt die Gleichberechtigung von Männern und Frauen in seinem Land. Er hat ein Gesetz erlassen, wonach mindestens jeder dritte Volksvertreter im Parlament eine Frau sein muss. Das Ergebnis: Heute dürfen in Ruanda auch Frauen erben. Erstmals dürfen Frauen Anzeige gegen ihre Männer stellen, wenn diese sie schlagen. Das sollte eigentlich selbstverständlich sein, doch in Ruanda mussten sich erst Frauen wie Rose Mukantabana dafür starkmachen.

Leider ist das Beispiel von Rose Mukantabana in Ruanda noch eine Ausnahme. Auch wenn immer mehr Afrikanerinnen eine Schul- oder Berufsausbildung erhalten, wenn sie heute Pilotinnen und Professorinnen sind, so haben sie noch immer mehr Pflichten als Männer – und weniger Rechte. Das Recht auf Bildung, also das Recht, die Schule zu besuchen, zum Beispiel. Es gehen weit weniger afrikanische Mädchen in die Schule als Jungen. Wenn eine Familie es sich nicht leisten kann, alle ihre Kinder zur Schule zu schicken, müssen meistens die Mädchen die Schule verlassen. Es erscheint den Familien wichtiger, dass die Jungen eine ordentliche Ausbildung bekommen und einen Beruf erlernen können. Dass das bei den Mädchen genauso sein sollte, leuchtet vielen noch nicht ein.

Wer in Afrika über Land fährt, sieht unweigerlich Frauen, die riesige Bündel Brennholz auf dem Rücken schleppen. Weil es oft keinen Strom gibt, müssen die Frauen Holz sammeln, um damit ein Kochfeuer zu machen. Neben dem Brennholzsammeln zählt es in den Dörfern Afrikas zu den Aufgaben von Mädchen und Frauen, Trink- und Waschwasser vom nächsten öffentlichen Wasserhahn, Brunnen oder Fluss zu holen. Der kann aber einige Kilometer entfernt sein und so balancieren sie die schwere Last teilweise über Stunden auf dem Kopf.

„Wir können doch nicht in Flugzeugen reisen und mit Handys telefonieren und gleichzeitig auf kulturellen Normen bestehen, die 300 Jahre alt sind", beklagte sich einmal die bekannte nigerianische Schriftstellerin Chimamanda Ngozi Adichie. Sie spricht von der nach wie vor verbreiteten Tradition der weiblichen Genitalbeschneidung, bei der Frauen schwer verstümmelt und manchmal sogar tödlich verletzt werden.

Doch nicht nur in der Bildung werden Afrikas Frauen benachteiligt. Es sterben mehr Frauen an Krankheiten oder werden vom HI-Virus angesteckt. Männer, nicht Frauen, bestimmen über die

Familienplanung, treffen also die Entscheidung, wie viele Kinder eine Familie haben möchte.

Immer noch werden junge Mädchen gegen ihren Willen mit älteren Männern in sogenannten „arrangierten" Ehen verheiratet. Wie in Südosteuropa, wo es diesen Brauch auch noch gibt, suchen die Eltern des Mädchens einen Ehemann aus, ohne dass die Tochter gefragt wird, ob sie ihn heiraten möchte. Von Gleichberechtigung zwischen Männern und Frauen kann also noch lange keine Rede sein.

Cynthia Leshomo aus Botsuana hat einmal die Situation von Afrikas Frauen so zusammengefasst: „Die meisten Frauen sind unsichtbar, werden nicht angehört und schlicht ignoriert." Sie muss es wissen, denn sie war Afrikas bekannteste Aids-Aktivistin. Und eine der wenigen Afrikanerinnen, die sich öffentlich zu ihrer Erkrankung bekannte, an der sie 2007 starb.

Doch in aller Stille findet auf dem Kontinent eine kleine Revolution statt. 2008 erhielt die kenianische Umweltschützerin Wangari Mathai für ihr Engagement gegen Umweltzerstörung in Afrika den Nobelpreis. 2009 war es die Somalierin Asha Hagi, die für ihren Einsatz für somalische Frauen ebenfalls einen Nobelpreis bekam.

Und dann gibt es natürlich den 16. Januar 2006, ein Datum, das sich Afrikas Frauen im Kalender tiefrot angestrichen haben.

An diesem Tag nämlich wurde die erste Frau zur Präsidentin eines afrikanischen Landes gewählt: Ellen Sirleaf-Johnson im westafrikanischen Liberia. „Ich bin ein Profi, ein Experte, ein Politiker – der zufällig eine Frau ist." So cool und selbstbewusst beschreibt die Präsidentin sich selbst. Und im Gegensatz zu vielen männlichen Präsidenten in Afrika ist Sirleaf-Johnson wirklich ein Profi: Sie hat an der berühmten amerikanischen Harvard-Universität studiert und später für große, internationale Organisationen gearbeitet.

Ellen Sirleaf-Johnson, die erste Präsidentin eines afrikanischen Landes

„Ma Ellen" wird die sechsfache Großmutter von den Liberianern liebevoll gerufen – „Mama Ellen".

Wer dahinter eine gutmütige Oma vermutet, der liegt allerdings falsch. Sie will vor allem die Korruption in ihrem Land bekämpfen – und die wird meistens von Männern begangen. So kündigte sie zum Beispiel bei einem persönlichen Besuch des Finanzministeriums die fristlose Entlassung sämtlicher 300 Angestellter an. Sie warf ihnen vor, das Land wegen der hohen Korruption im Ministerium international blamiert zu haben.

In den nächsten Jahren wird es immer mehr von diesen afrikanischen Power-Frauen geben. Afrika braucht mehr Frauen in der Politik, in der Wirtschaft und überhaupt in wichtigen Positionen. Dann gäbe es vermutlich weniger Kriege auf dem Kontinent. Frauen wollen nicht, dass ihre Kinder sterben – also fangen sie keinen Krieg an, sondern investieren das Geld lieber in Bildung und Krankenhäuser, so darf man hoffen.

Und weil das so ist, passt es Afrikas Männern ganz und gar nicht, dass die Frauen an ihnen vorbeiziehen. Sie fürchten um ihre Stellung als Familienoberhaupt und haben Angst, viele andere Vorteile zu verlieren. Wer weiß, vielleicht müssen sie eines Tages sogar noch Wasser und Brennholz holen?

Habt keine Angst. Das ist es, was Rose Mukantabana aus Ruanda den Männern sagt. Die Parlamentspräsidentin will trotz Frauenpower Afrikas Männer mit im Boot haben. In einem Interview sagte sie einmal: „Nur wenn wir gemeinsam an einem Strang ziehen, können wir etwas bewegen."

Wie viele Farben hat ein Regenbogen? Das Experiment Südafrika

„Nkosi sisekel' iAfrica": „Gott schütze Afrika." So lautet die erste Zeile der südafrikanischen Nationalhymne. Und in der Tat scheint ein Nkosi, ein Gott, seine Hände über Südafrika gehalten zu haben, als es in den vergangenen 20 Jahren den Übergang von einem rassistischen Apartheidstaat*, in dem Menschen mit dunkler Hautfarbe als Wesen zweiter Klasse behandelt wurden, zu einer jungen Demokratie bewältigte.

Zum Glück erkannte der damalige Präsident Frederik Willem de Klerk Ende der 1980er-Jahre, dass die Tage der weißen Herrschaft über die Schwarzen gezählt waren. Er begann heimlich

De Klerk und Mandela 1992

Verhandlungen mit Nelson Mandela, der zu dem Zeitpunkt noch im Gefängnis saß, und bereitete die Übergabe der Macht an Südafrikas schwarze Bevölkerungsmehrheit vor. Von manchen Weißen wurde de Klerk deshalb als Verräter beschimpft. Andere dagegen nannten ihn einen Visionär – und verliehen ihm den Friedensnobelpreis. Mandela und de Klerk wurden 1993 gemeinsam mit dieser wohl wichtigsten aller Auszeichnungen bedacht.

Doch wer gedacht hatte, dass dies das Ende der Gewalt in Südafrika sei, der hatte sich schwer getäuscht: Vor den ersten freien Wahlen im April 1994 sah es sogar kurz so aus, als sollte das Experiment scheitern. Schwarze und weiße Extremisten versuchten mit aller Gewalt, die Wahl zu verhindern – Südafrika stand kurz vor dem Bürgerkrieg.

Aber es ist gut gegangen. Und Südafrika kann sich heute rühmen, nicht nur traumhafte Strände und exotische Nationalparks zu haben, sondern ein Vielvölkerstaat mit einer funktionierenden Demokratie zu sein. Südafrikas schwarze Bewohner leben neben und mit den Nachfahren niederländischer, deutscher, französischer und englischer Einwanderer. Den „Regenbogen" der Völker und Kulturen ergänzen die sogenannten Farbigen oder *Coloureds,* die Nachkommen der afrikanischen Ureinwohner Südafrikas. Weitere Farbtupfer steuern die indischstämmigen Südafrikaner mit ihren bunten Saris bei.

IsiNdebele, isiXhosa, isiZulu, Nord-Sotho, Süd-Sotho, Setswana, Siswati, Tshivenda, Xitsonaga: Was sich liest wie ein Zungenbrecheralphabet, ist eine Liste von Südafrikas Nationalsprachen. Nimmt man noch die Sprachen der Einwanderer, also niederländischstämmigen Buren, nämlich Afrikaans und Englisch hinzu, dann kommt man auf insgesamt elf offizielle Sprachen, in denen Südafrikaner miteinander kommunizieren. Weltweit hat nur Indien mehr Amtssprachen.

Nach den schrecklichen Erfahrungen mit der Apartheid, als Afrikaans die alles beherrschende Sprache und für Schwarze Pflichtfach in der Schule war, sichert die Verfassung heute jeder der elf Sprachen das gleiche Ansehen zu.

Überhaupt darf Südafrika mit Recht stolz auf seine seit 1997 gültige Verfassung sein: Sie garantiert den Bürgern umfangreiche Rechte wie in keinem anderen afrikanischen Land. Darin sind die Gleichheit vor dem Gericht, Schutz vor Diskriminierung, Rede-, Religions-, Versammlungs- und Vereinigungsfreiheit, eine unabhängige und unparteiische Justiz und viele andere Rechte festgeschrieben. Unterstützt von dieser Verfassung, hat sich in Südafrika seit Mitte der 1990er-Jahre eine außerordentlich selbstbewusste Gesellschaft und eine freche Medienlandschaft herausgebildet. Frauen-, Umwelt-, Behinderten-, Studenten-, Künstler- und Homosexuellengruppen: Sie alle fordern öffentlich ihre Rechte ein, demonstrieren oder schreiben Protestbriefe an Südafrikas Politiker.

Doch auch zwei Jahrzehnte nach dem Ende der Apartheid lasten die Folgen der seelischen und körperlichen Verletzungen aus dieser Zeit auf dem Vielvölkerstaat Südafrika. Noch zu oft denken die Menschen in den Kategorien „Schwarz" und „Weiß". Der Weg der Versöhnung ist lang: Da gibt es weiße Eltern, die klagen, das Niveau an Schulen und Universitäten sinke, weil schwarze Südafrikaner auch mit schlechten Noten aufgenommen würden. Weiße, farbige oder indischstämmige Südafrikaner ärgert, dass Firmen nach einem vorgegebenen Schlüssel Stellen an Schwarze vergeben, oft ohne Rücksicht auf deren Qualifikation. Sie bezeichnen dies als „umgekehrte Apartheid" und wandern nach Australien, Großbritannien oder Kanada aus. Dies wiederum hat zur Folge, dass dem Land wichtige Facharbeiter in der Verwaltung oder in der Industrie fehlen. Oder ein schwarzer Politiker beschimpft im Wahlkampf einen schwarzen Konkurrenten als „garden boy". Diesen Begriff benutzten früher weiße Rassisten gegenüber Schwarzen.

Und das Land sieht sich auch vor andere große Probleme gestellt. Nirgendwo werden so viele Menschen ermordet wie in Südafrika. Nirgendwo werden so viele Frauen und Kinder schwer misshandelt wie am Kap. Und nirgendwo leben so viele HIV/ Aids-infizierte Menschen wie hier, wo ganze Dörfer nur noch aus kleinen Kindern und alten Menschen bestehen, weil die Elterngeneration gestorben ist. Jeder fünfte Südafrikaner lebt mit dem Virus.

Dazu kommt die ausgeprägte Kluft zwischen Arm und Reich. In Johannesburgs Nobelvorort Sandton verschanzen sich die Reichen in Villen mit Sicherheitspersonal und Überwachungskameras. Und nur wenige Hundert Meter entfernt, in der Township Alexandra, hausen die Menschen in selbst gebauten Papp- oder Wellblechhütten. Township bedeutet Armensiedlung. In Johannesburg und Kapstadt gibt es moderne Privatkliniken.

| Das Township Alexandra bei Johannesburg

Auf dem Land dagegen müssen Krankenhäuser wochenlang
ohne Medikamente auskommen. Diese sozialen Gegensätze
drohen, das Land immer wieder zu zerreißen.
Zum Glück schafft in Südafrika oft der Sport, was die Politik
nicht bewältigen kann oder will. Nämlich Barrieren zwischen
Menschen und Völkern abzubauen.

Confederations Cup 2009, die Generalprobe für die Fuß-
ball-WM 2010. „Boooooooth" schallt es durch die Stadien,
immer wenn Matthew Booth, der einzige Weiße in der südafrikanischen Nationalmannschaft, am Ball ist. Der lang
gezogene Ruf von den Zuschauerrängen überrascht und

entsetzt ausländische Besucher und Journalisten. Rassistische Buhrufe der schwarzen Zuschauer gegen einen weißen Spieler des eigenen Teams? Aber nein, genau das Gegenteil ist der Fall: Der 1,98 Meter große Abwehrspieler ist der Liebling der (schwarzen!) Fans. „Sie rufen einfach nur meinen Namen", klärt der 32-Jährige auf.

Es ist ein gutes Zeichen, dass heute die ersten schwarzen Südafrikaner Rugby spielen. Traditionell ist Rugby ein „weißer" Sport, Südafrikas Schwarze spielen eher Fußball. Die Ursprünge des Rugby-Sports liegen bei den weißen Einwanderern. Zunächst die Briten, später auch die Buren nahmen den Sport in ihre Kultur auf. Die schwarze Bevölkerung blieb außen vor.

Das änderte sich 1995, ein Jahr nach der Wahl einer schwarzen Regierung: Als Südafrika bei der Rugby-WM im eigenen Land den Siegerpokal holte, stand mit Chester Williams erstmals auch ein schwarzer Spieler in den Reihen der „Springböcke". Und der schwarze Präsident Nelson Mandela drückte dem weißen Team-Kapitän stolz die Trophäe in die Hand.

In Soweto, dem größten Township Südafrikas, gibt es heute eine Handvoll Rugbyvereine, die schwarzen Nachwuchs betreuen. Und besucht man einen der Strände am Indischen Ozean, sieht man schwarze und weiße Jugendliche beim gemeinsamen Spiel mit dem eiförmigen Rugby-Ball. Die Regenbogennation wächst zusammen. Auf dem Bolzplatz. Und nach und nach auch jenseits des Sports.

Auf der Zielgeraden: Afrika in Sport, Film und Literatur

Im Frühjahr 2009 wurden die Endrundenspiele der *Champions League,* der Königsklasse des Fußballs, ausgetragen. Mit den Teams von Manchester United, Arsenal London, Chelsea und Barcelona standen sich die Topteams des Fußballs gegenüber. Wer damals die Mannschaftsaufstellungen studierte, der staunte nicht schlecht. In den Reihen der vier besten Teams der Welt waren nicht weniger als neun Fußballer aus Westafrika vertreten. In der Startelf, wohlgemerkt! Wer dann noch die acht Afrikaner mit französischem Pass dazuzählte, der konnte endgültig einen Trend ausmachen. Afrikanische Spieler wie Emmanuel Adebayor, Didier Drogba und Samuel Eto'o zählen zum Besten, was der Profifußball zu bieten hat.

Szenenwechsel. Berlin, Olympiastadion: Als am letzten Tag der Leichtathletikweltmeisterschaft im August 2009 der Medaillenspiegel veröffentlicht wird, sind mit Äthiopien, Kenia und Südafrika gleich drei afrikanische Teams unter den ersten zehn Nationen. Kenia hat vier Goldmedaillen geholt, Gastgeber Deutschland nur zwei. Seit Jahrzehnten dominieren die Äthiopier und Kenianer die Ausdauerdisziplinen in der Leichtathletik: den Marathonlauf über 42 Kilometer, den 10.000- und 5.000-Meter-Lauf. Schon 1960 hatte der Äthiopier Abebe Bikila bei den Olympischen Sommerspielen in Rom als erster Schwarzafrikaner den Titel gewonnen – barfuß!

Kein Zweifel: Afrika kommt. Auf den Politikseiten der Zeitungen dominieren bedauerlicherweise weiterhin die beschriebenen „3 K" – Kriege, Korruption, Krankheiten. Doch die Sport- und Gesellschaftsseiten und die Kulturnachrichten sind voll von afrikanischen Erfolgsgeschichten.

Der Wettbewerb „Face of Africa" ist so ein Erfolg. Einmal im Jahr wählt der Fernsehsender MNET Afrikas schönste Frau. Die auf dem gesamten Kontinent live ausgestrahlte Show ist eine gigantische Sause mit Afrikas führenden Künstlern, Models und VIPs – und ein Gegenentwurf zu den Klischees von Armut und Elend. Wer die Krone gewinnt, der hat es in die Welt der Models geschafft.

Die Nigerianerin Oluchi Ongweagba-Orlandi war die Siegerin dieses Schönheitswettbewerbs von 1998: Als schüchterne 19-Jährige, die auf den Straßen von Lagos Brot verkaufte, trat sie zum Wettbewerb an. Als „Face of Africa" modelte sie bald darauf für Ralph Lauren, Giorgio Armani, Dior und Donna Karan auf den Laufstegen Mailands und New Yorks. Mit „O Model Africa" unterhält sie heute eine von Afrikas Top-Modelagenturen.

Auch in der Mode macht Afrika von sich reden. Die Senegalesin Oumou Sy gilt als „Afrikas Lagerfeld". Die Kollektionen der Designerin, die sich das Handwerk selbst beibrachte, wurden auf den großen Modeschauen in Europa, Asien, Afrika und in den USA gezeigt. Sie unterhält eigene Läden in Genf und Paris. Durch ihre Organisation *Metissacana* engagiert sich die bekennende Analphabetin sozial, etwa in Theaterprojekten.
Wie die Senegalesin Sy bringt auch die komorische Designerin Sakina M'Sa ihre Erfahrungen aus Europa zurück nach Afrika und leitet Mode-Workshops. Ihr ist es wichtig, nicht auf das Bild afrikanischer Modeklischees festgelegt zu werden. „Afrikaner designen nicht nur Boubous (fließende westafrikanische Gewänder), Japaner nicht nur Kimonos und Franzosen nicht nur Barette. Ich entwerfe globale Mode", sagt sie. Mustafa Hassanali aus Tansania, die Südafrikanerin Thula Sindi und die Nigerianerin Lisa Folawiyo sind weitere junge Designerinnen, die bald international von sich hören lassen werden.

Auch in den Bücherregalen tut sich etwas. Lange Zeit war die Autobiografie Nelson Mandelas *(The Long walk to Freedom)* das meistverkaufte afrikanische Buch. Heute bekommt Madiba Konkurrenz von Autoren aus Nigeria, Uganda oder Kenia, die sich hierzulande einen Namen machen.

Der Kenianer Meja Mwangi ist so ein Beispiel. In seinem jüngsten Roman *Big Chiefs* erhebt er Anklage gegen afrikanische Despoten, die ihr Volk hungern lassen und selbst im Luxus leben. Vor allem die jungen afrikanischen Autoren schildern ihre Heimatländer oft ungeschminkt, dafür aber humorvoll und herzlich und geben einen guten Einblick in den Alltag auf dem Kontinent. Andere Themen sind das Schicksal von Kindersoldaten oder die Stellung der Frau in der afrikanischen Gesellschaft.

Auch die Filmlandschaft entwickelt sich schnell, wie man an „FESPACO", dem panafrikanischen Filmfestival im westafrikanischen Burkina Faso sehen kann. Alle zwei Jahre verwandelt sich die sonst beschauliche Hauptstadt Ouagadougou in einen quirligen Treffpunkt von Filmschaffenden, Produzenten und Verleihern aus aller Welt.

Nur hier können Kinofans aus Afrika die besten Streifen herausragender Produzenten des Kontinents sehen. Filme mit oft brisanten Themen wie zum Beispiel Korruption, Prostitution, Zwangsheirat und sogar Organhandel, die in vielen afrikanischen Staaten niemals die Zensur passieren würden, erhalten in den vielen kleinen Theatersälen in der Stadt donnernden Applaus. In den wenigen Kinos der afrikanischen Hauptstädte dagegen laufen meist keine einheimischen Produktionen, sondern Action-Filme „Made in Hollywood".

Doch selbst wenn Besucherzahlen und Filmvorführungen von Jahr zu Jahr wachsen, bleibt der afrikanische Film in der globalen Filmindustrie ein Nischenprodukt. Dies liegt vor allem an den geringen Produktionsbudgets, die einen international anerkannten Technikstandard noch nicht zulassen. Eine Ausnahme macht einmal mehr Südafrika, dessen Filmindustrie technisch und inhaltlich zu der europäischen bzw. amerikanischen aufschließt.

Der Gegenentwurf zum Qualitätskino ist das schrille, billige *Nollywoodkino,* die boomende Videoindustrie Nigerias, die seit ihren Anfängen in den frühen 1990er-Jahren zur drittgrößten Filmindustrie der Welt gewachsen ist. Der Name *Nollywood* lehnt sich an *Bollywood* an, die Schnulzenfabrik Indiens, die heute ebenfalls Milliardenumsätze macht. Das Prinzip ist einfach: Mit zwei Kameras und einer Handvoll Schauspielern – einige sind inzwischen Millionäre geworden – werden innerhalb von wenigen Drehtagen Homevideos gedreht, die direkt auf DVD produziert und für wenig Geld vertrieben werden. Auch wenn die Filme oft voller Klischees und technisch schlecht sind – sie treffen den Geschmack der Afrikaner. In ganz Westafrika und selbst in Kenia gibt es inzwischen eigene *Nollywood*-Traumfabriken.

Glossar

Apartheid/ Apartheidstaat	*Die Diskriminierung Schwarzer in Südafrika aufgrund von Rassismus*. Von den Vereinten Nationen 1976 als „Verbrechen gegen die Menschlichkeit" verurteilt. Offiziell mit den demokratischen Wahlen 1994 beendet.*
Chief	*Englisch für „Chef". So werden die traditionellen Stammesführer oder Machthaber in Afrika genannt. Ein anderes Wort dafür ist „Häuptling", das allerdings nicht mehr als politisch korrekt angesehen wird.*
Cholera	*Schwere Infektionskrankheit mit starkem Erbrechen und Durchfall. Verursacht durch verunreinigtes Trinkwasser oder infizierte Nahrung. In Afrika kommt es immer wieder zu Choleraepidemien. In Deutschland müssen Cholerafälle den Gesundheitsbehörden gemeldet werden.*
Entwicklungsländer	*Sammelbegriff für Länder, die aufgrund bestimmter Kriterien als „arm" gelten. Dazu gehören u. a. ein geringes (Pro-Kopf-)Einkommen der Bewohner, eine hohe Auslandsverschuldung, eine einseitige, auf Rohstoffe ausgerichtete Exportpolitik, hohe Kindersterblichkeit, unzureichende Ernährung und undemokratische Strukturen mit Menschenrechtsverletzungen. Reiche (Industrie-) Länder und private Organisationen versuchen, Entwicklungsländer zu fördern, indem sie ihnen sogenannte Entwicklungshilfe anbieten.*

Export	*Von lateinisch* exportare: *hinaustragen. Der Verkauf von Waren von einem Land an ein anderes Land. Aus Sicht des Empfängers ist der* Export *ein* Import, *weil die Waren ins Land hineingekauft werden. Deutschland ist ein sogenanntes* Exportland, *weil es die meisten Waren für den Verkauf ins Ausland produziert.*
Globalisierte Weltwirtschaft	*Mit Weltwirtschaft bezeichnet man die Gesamtheit der internationalen Wirtschaftsbeziehungen zwischen Staaten und einzelnen Volkswirtschaften auf der ganzen Welt. Sie wird heute von den Industrienationen (darunter Deutschland) dominiert. Die Europäische Union bestreitet allein ein Drittel des Welthandels. Entwicklungsländer, wie die Afrikas, nehmen nur eine Randstellung ein. Mit globalisierter Weltwirtschaft meint man die Tatsache, dass Märkte und Produktionen in verschiedenen Ländern immer stärker voneinander abhängig sind.*
Hominiden	*Familie der Primaten, deren einziger lebender Vertreter der heutige Mensch ist. Die Hominiden spalteten sich vor ca. fünf bis sieben Millionen Jahren von den Schimpansen und afrikanischen Menschenaffen ab.*
Horn von Afrika	*Der östlichste, keilförmige Teil Ostafrikas. Das „Horn" umfasst neben Somalia die Länder Äthiopien, Dschibuti und Eritrea.*
Industrieländer	*Der Begriff „Industrie" kommt von lateinisch* industria: *Fleiß. Ein Industrieland ist eines, das „fleißig" produziert, also viele Fabriken und Industrieanlagen besitzt, in denen Waren (oder:*

	Industrie*produkte) hergestellt werden. Zu den größten Industrieländern gehören die USA, die Länder der Europäischen Union, Australien und Japan.*
Islam	*Arabisch für „völlige Hingabe an Gott". Mit über 1,1 Milliarden Anhängern ist der Islam nach dem Christentum die zweitgrößte Religion der Welt. Wie das Christentum auf die Bibel, so gründet sich der Islam auf den Koran als das niedergeschriebene Wort Gottes. Jeder Muslim soll 1.) fünfmal täglich beten und 2.) sich dabei mit einer Formel zu seinem Glauben bekennen, 3.) die Bedürftigen finanziell unterstützen (Almosensteuerpflicht), 4.) mindestens einmal in seinem Leben die Pilgerfahrt nach Mekka unternehmen und 5.) im Ramadan-Monat fasten.*
Kalter Krieg	*Konflikt zwischen den sogenannten „Westmächten" (unter Führung der USA) und dem Ostblock (unter Führung der Sowjetunion) zwischen 1945 und dem Ende der 1980er-Jahre. Beide Blöcke versuchten, durch Propaganda, Wettrüsten und Stellvertreterkriege (z. B. in Afrika) die Überlegenheit des eigenen Systems zu zeigen und sich Einfluss in aller Welt zu sichern.*
King, Martin Luther	*Amerikanischer Bürgerrechtler und Vorkämpfer gegen Rassismus in den USA. Kings* Civil Rights Movement *erwirkte die gesetzliche Aufhebung der Rassentrennung und das uneingeschränkte Wahlrecht für die schwarze Bevölkerung der US-Südstaaten. 1964 mit dem Friedensnobelpreis ausgezeichnet, wurde er nach zahlreichen gescheiterten Attentaten 1968 ermordet.*

Kolonialisierung	*Von lateinisch* colonia: *Ansiedlung, Nieder-lassung. Landnahme und Besiedelung von fremden Gebieten. Die Kolonialherren entscheiden über die politische, wirtschaftliche, soziale und kulturelle Entwicklung der Kolonie.*
Kolonialsystem	*Ein Kolonialsystem ist ein politisches System, in dem ein fremdes Volk in einem bestimmten Gebiet die Herrschaft über die einheimische Bevölkerung übernimmt und deren Territorium besiedelt. Das ist oftmals mit Gewalt verbunden.*
Korruption	*Von lateinisch* corruptus: *bestochen. Das Ausnutzen einer Machtposition (etwa in der Politik) für den persönlichen oder den Vorteil Dritter. In Deutschland ist Korruption eine Straftat.*
Kredit	*Von lateinisch* credere: *glauben. Die leihweise Überlassung von Geld. Der Kreditnehmer muss dafür Zinsen, also einen Zuschlag, bezahlen. Es können einzelne Personen oder ganze Länder einen Kredit aufnehmen. Die Gefahr dabei ist eine massive Verschuldung, wie sie viele Länder in Afrika erleben.*
Malaria	*Schwere Tropenkrankheit, die von weiblichen Moskitos übertragen wird und zum Tod führen kann. Die teuren Medikamente gegen eine Ansteckung können sich einheimische Menschen in Afrika meist nicht leisten. Ihnen bleibt nur die Vorbeugung, vor allem durch Moskitonetze.*
Muezzin	*Ausrufer, der die Muslime fünfmal am Tag zum Gebet in die Moschee, das Gotteshaus der Muslime, ruft. Der Muezzin ist kein Priester, er gehört zum Personal einer Moschee.*

Nomaden	*Vom Griechischen* nomás: *mit Herden herumziehend. Vieh haltende Gesellschaften, die keinen festen Wohnsitz haben, stattdessen im Wechsel der Jahreszeiten mit ihren Rindern oder Kamelen von Futterplatz zu Futterplatz ziehen. In Afrika gibt es (halb-)nomadisch lebende Völker im Sahelgürtel oder am Horn von Afrika.*
patriarchalisch	*Ein Patriarch ist der Führer einer von Männern (eigentlich: „Vätern") dominierten Gemeinschaft. Eine patriarchalisch geprägte Gesellschaft ist also von Männern beherrscht. Der Gegenbegriff ist Matriarchat („Herrschaft der Mütter").*
Prostitution	*Die Ausführung sexueller Handlungen gegen Bezahlung. Geschieht dies unfreiwillig, so spricht man von Zwangs- oder Armutsprostitution.*
Rassismus	*Der Begriff „Rassismus" ist von „Rasse" abgeleitet. Der Rassismus behauptet, dass eine bestimmte Art von Menschen, zum Beispiel mit weißer Hautfarbe, besser und zu größeren Leistungen fähig sei als Menschen mit schwarzer Hautfarbe. Auch der Herkunft, der Religion oder dem Geschlecht ordnen Rassisten bestimmte Eigenschaften zu. Während der Zeit des Nationalsozialismus in Deutschland dienten solche Behauptungen dazu, die Ermordung und Vertreibung ganzer Bevölkerungsgruppen zu rechtfertigen. Auch die Sklaverei und die Apartheid in Südafrika stützten sich auf Rassismus.*
rassistisch	*Adjektiv zu „Rassismus".*
Republik	*Bei den Römern stand der lateinische Begriff* res publica *für „Gemeinwesen". Als Staatsform ist die*

Republik ein Staat mit gewähltem Staatsoberhaupt, dessen – ebenfalls gewählte – Vertreter die Regierung bilden und die Gesetze erlassen. Dies kommt auch im Namen der *Bundes*republik Deutschland zum Ausdruck. Der Gegensatz zur Republik ist die absolute Monarchie.

Schwellenland Die Länder, die man nicht mehr zu den armen Entwicklungsländern, aber auch noch nicht zu den reichen Industrienationen zählt, heißen Schwellenländer, weil sie quasi „an der Schwelle" dazu stehen, ein Industriestaat zu werden. Die größten sind: Indien, China, Brasilien, Mexiko und, je nach Definition, Südafrika.

Subvention Von lateinisch subvenire: *zu Hilfe kommen, beistehen.* Eine Stadt subventioniert, also bezuschusst mit Geld, z. B. ein Theater, das sich aus eigener Kraft nicht finanzieren kann. Sie tut dies, weil sie Kultur als wichtig erachtet. Die Europäische Union fördert finanzschwache Mitgliedsländer und Regionen, um die Wirtschaft dort anzukurbeln. Die Subventionen für Landwirtschaft in den westlichen Ländern erschweren für afrikanische Güter den Wettbewerb. Deshalb fordern Kritiker einen Subventionsabbau.

Vereinte Nationen 1945, nach dem Ende des Zweiten Weltkriegs, wurde die United Nations Organization *mit Sitz in New York gegründet,* abgekürzt UNO oder VN. Man wollte verhindern, dass sich ein solcher Weltkrieg wiederholt. Heute sind fast alle Staaten der Erde Mitglied in der UNO. Wenn es Probleme zwischen einzelnen Staaten gibt, ver-

sucht die UNO zu vermitteln. Das wichtigste Gremium der UNO ist der Sicherheitsrat, in dem die wichtigen Länder USA, Russland, China, Frankreich und Großbritannien als „ständige Mitglieder" vertreten sind. Hinzu kommen Länder, die nur zeitweise Mitglieder sind.

Völkermord — *Der Versuch einer herrschenden Gruppe, eine andere nationale, ethnische, rassische oder religiöse Gruppe ganz oder teilweise zu zerstören. In Afrika gilt der Völkermord von Ruanda 1994 als schlimmstes Beispiel. Andere Völkermorde betrafen die Armenier (1915) und die Juden in der Zeit des Nationalsozialismus („Holocaust").*

Zivilgesellschaft — *Das Engagement von staatsunabhängigen Initiativen, Vereinen und Nichtregierungsorganisationen zum Wohle der Gesellschaft, besonders für die Demokratisierung. Zivilgesellschaftliche Gruppen sind oft der Motor für politische Umwälzungen, etwa in der späten DDR oder in Osteuropa. In Afrika ist die Zivilgesellschaft noch schwach ausgebildet, weil sie von autoritären Regierungen nicht erwünscht ist.*

Afrikanische Geschichte – Zeittafel

8 BIS 6 MIO. JAHRE VOR UNSERER ZEIT Aufgrund einer Klimaänderung trennen sich die Stammbäume vom Menschenaffen und dem Urmensch. Der erste Schritt zum modernen Menschen.

4,4 MIO. JAHRE VOR UNSERER ZEIT Das bislang älteste Skelett der Vormenschenart Ardipithecus ramidus wird in Äthiopien entdeckt.

2 MIO. JAHRE VOR UNSERER ZEIT Der sogenannte Homo habilis oder Frühmensch lernt, Werkzeuge herzustellen und Feuer zu machen.

120.000 JAHRE VOR UNSERER ZEIT Der Homo sapiens verlässt Afrika, zieht nach Indien, weiter in den Nahen Osten und besiedelt im Laufe der Zeit die ganze Welt.

ETWA 2600 V. CHR. Bau der Pyramiden in Ägypten

1444 Portugiesische Schiffe entdecken die Westküste Afrikas. 1445 gründet Portugal die erste Handelsniederlassung südlich der Sahara. 1488 umrundet der portugiesische Entdecker Bartolomeu Diaz das Kap der Guten Hoffnung in Südafrika.

1880/1881, 1899–1902 Die zwei sogenannten „Burenkriege" in Südafrika enden mit dem Sieg Großbritanniens gegen die weißen südafrikanischen Siedler. Erstmals wird der Begriff „Konzentrationslager" für die britischen Internierungslager gebraucht.

1883	Der Bremer Kaufmann Adolf Lüderitz erwirbt den Hafen in einer Meeresbucht im Südatlantik (heute: Lüderitzbucht) und legt damit den Grundstein für die erste deutsche Kolonie in Afrika: Deutsch-Südwestafrika, das heutige Namibia.
1884/1885	Auf der sogenannten Kongo-Konferenz einigen sich die Kolonialmächte auf die Regeln für die kommende Kolonialisierung Afrikas. Anders als oft behauptet, wird Afrika auf der Konferenz selbst nicht „wie ein Kuchen aufgeteilt": Dies geschieht erst in den Folgejahren.
1952–1957	In Kenia erhebt sich das Volk der Kikuyu gegen die koloniale Unterdrückung durch die Briten. Der sogenannte „Mau-Mau"-Aufstand wird brutal niedergeschlagen, läutet aber die Unabhängigkeit Kenias 1963 ein.
1960	Das Jahr null der afrikanischen Unabhängigkeit. Zwar hat bereits 1958 Ghana als erstes schwarzafrikanisches Land die Unabhängigkeit erlangt, doch 1960 folgen 17 weitere Länder.
25.5.1963	30 afrikanische Staaten gründen in Äthiopiens Hauptstadt Addis Abeba die Organisation für Afrikanische Einheit (engl: OAU). Sie wird 2002 aufgelöst und in Afrikanische Union (AU) umbenannt.
12. Juni 1964	Nelson Mandela, Symbol für den Freiheitskampf in Südafrika, und sieben Mitangeklagte werden zu lebenslanger Haft verurteilt.
13. Juli 1985	Motiviert durch eine schwere Hungersnot in Äthiopien findet auf zwei Kontinenten parallel die Bene-

135

fizveranstaltung „Live Aid" statt. Die Konzerte von Stars wie Mick Jagger, David Bowie und Paul McCartney werden von 1,5 Milliarden Zuschauern in der ganzen Welt gesehen. Der Erlös für Hungernde in Afrika beläuft sich am Ende auf rund 400 Mio. Dollar.

1989
Das Ende des Kalten Krieges zwischen den westlichen und östlichen Blockstaaten beendet den Stellvertreterkampf der Supermächte in Afrika. Zahlreiche afrikanische Diktatoren verlieren über Nacht die Unterstützung der USA oder der Sowjetunion.

2. FEBRUAR 1990
Südafrikas weißer Staatspräsident de Klerk hebt den Bann von ANC und anderen Befreiungsbewegungen auf und kündigt Nelson Mandelas baldige Freilassung an. Am 11. Februar 1990 um 16.00 Uhr wird Mandela freigelassen.

24. MAI 1993
Mit dem kleinen Eritrea am Horn von Afrika erlangt der vorerst letzte Staat Afrikas seine Unabhängigkeit.

6. APRIL 1994
Ruandas Völkermord: Binnen 100 Tagen ermorden Hutus eine knappe Million Tutsis und gemäßigte Hutus.

27. APRIL 1994
Die ersten freien Wahlen in Südafrika bescheren dem Land zum ersten Mal eine mehrheitlich schwarze Regierung und beenden offiziell das rassistische Apartheidregime am Kap.

2002
Simbabwes Präsident Robert Mugabe, der längst vom gefeierten Unabhängigkeitshelden zum

Diktator geworden ist, manipuliert die Präsident-schaftswahl. In der Folge werden Tausende weißer Farmer unter dem Vorwand einer Land-reform von ihren Farmen vertrieben und teil-weise ermordet. Bis heute bleibt die wirt-schaftliche Lage katastrophal, die Lebens-erwartung der Simbabwer ist auf 37 Jahre für Männer und 34 Jahre für Frauen gefallen.

16. JANUAR 2006   Zum ersten Mal in der Geschichte Afrikas kommt eine Frau an die Macht. Ellen Johnson Sirleaf wird in Liberia als erste demokratisch gewählte Staatschefin vereidigt

11. JUNI 2010   Anstoß zur ersten Fußball-Weltmeisterschaft auf afrikanischem Boden in Südafrika.

2010   50 Jahre Unabhängigkeit eines Großteils der afrikanischen Kolonien von den europäischen Kolonialmächten

Abbildungen

Bundesarchiv, Bild 137-003174 S. 32; gemeinfrei mit freundlicher Unterstützung des World; Economic Forums S. 115; Juda Ngwenya/Reuters S. 94; picture alliance/landov S. 119; picture-alliance/africamediaonline S. 21; picture-alliance/akg-images S. 17, 23, 25; picture-alliance/Alan Gignoux/Impact Photo S. 92; picture-alliance/dpa S. 38, 69, 71, 86, 106, 113; picture-alliance/Graeme Williams S. 44; picture-alliance/ra1/ZUMA Press S. 108; picture-alliance/dpa/dpaweb S. 45; picture-alliance/ZB S. 82; POOL New/Reuters S. 62; Robert Lebeck/Stern/Picture Press S. 35

FSC

Mix
Produktgruppe aus vorbildlich
bewirtschafteten Wäldern,
kontrollierten Herkünften und
Recyclingholz oder -fasern

Zert.-Nr. SGS-COC-003210
www.fsc.org
© 1996 Forest Stewardship Council

1. Auflage 2010
© Arena Verlag GmbH, Würzburg 2010
Alle Rechte vorbehalten
Coverillustration: Klaus Steffens
Innenillustration: Uta Bettzieche
Satz: Claudia Böhme auf der Grundlage einer Gestaltung und Typografie von knaus. büro für konzeptionelle und visuelle identitäten, Würzburg
Gesamtherstellung: Westermann Druck Zwickau GmbH
ISBN 978-3-401-06527-4

www.arena-verlag.de

ARENA BIBLIOTHEK DES WISSENS
Aktuell

978-3-401-06222-8   978-3-401-06431-4   978-3-401-06219-8

Weitere Titel in der Reihe „Aktuell":

Gerd Schneider	Souad Mekhennet / Michael Hanfeld
Politik	**Islam**
ISBN 978-3-401-06172-6	ISBN 978-3-401-06220-4

Bescheid wissen in der Welt von heute – mit der ARENA BIBLIOTHEK
DES WISSENS AKTUELL. Hochkompetente Autoren führen kom-
pakt und anschaulich in bedeutende Themen des Zeitgeschehens
ein – unverzichtbares Grundlagenwissen für Schüler ebenso wie
für Erwachsene.

Arena

Jeder Band:
Klappenbroschur.
www.arena-verlag.de

ARENA BIBLIOTHEK DES WISSENS
Aktuell

Peter W. Schroeder

USA
Die unvollendete Geschichte einer Supermacht

Mit der Wahl von Präsident Barack Obama hat ein neues Kapitel in der Geschichte der USA begonnen, aber wie ist die Supermacht zu dem geworden,
was sie heute ist? White House-Korrespondent Peter W. Schroeder beschäftigt
sich mit Brennpunkten der US-amerikanischen Geschichte, die bis in die
heutige Gesellschaft fortwirken: wie Außenpolitik, Wirtschaft oder Rassismus.

160 Seiten. Klappenbroschur.
ISBN 978-3-401-06525-0
www.arena-verlag.de

ARENA BIBLIOTHEK DES WISSENS
Lebendige Geschichte

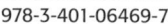

978-3-401-06469-7   978-3-401-06466-6   978-3-401-06064-4

Eine Auswahl weiterer lieferbarer Titel in der Reihe „Lebendige Geschichte":

Harald Parigger
Caesar und die Fäden der Macht
Auch als Hörbuch bei Arena Audio
ISBN 978-3-401-05979-2

Maria Regina Kaiser
**Karl der Große und der Feldzug
der Weisheit**
ISBN 978-3-401-06065-1

Harald Parigger
**Sebastian und der Wettlauf mit
dem Schwarzen Tod**
Die Pest überfällt Europa
ISBN 978-3-401-05583-1

Harald Parigger
Fugger und der Duft des Goldes
Die Entstehung des Kapitalismus
ISBN 978-3-401-05992-1

Martin Zimmermann (Hrsg.)
Weltgeschichte in Geschichten
ISBN 978-3-401-06216-7

Harald Parigger
**Barbara Schwarz und
das Feuer der Willkür** – Ein Fall aus
der Geschichte der Hexenverfolgungen
Auch als Hörbuch bei Arena Audio
ISBN 978-3-401-06124-5

Arena

Jeder Band:
Klappenbroschur.
www.arena-verlag.de

ARENA BIBLIOTHEK DES WISSENS
Lebendige Biographien

978-3-401-06218-1

978-3-401-06398-0

978-3-401-06394-2

Eine Auswahl weiterer lieferbarer Titel in der Reihe „Lebendige Biographien":

Luca Novelli
Newton und der Apfel der Erkenntnis
ISBN 978-3-401-06395-9

Luca Novelli
Mendel und die Antwort der Erbsen
ISBN 978-3-401-06182-5

Luca Novelli
Archimedes und der Hebel der Welt
ISBN 978-3-401-05744-6

Andreas Venzke
Goethe und des Pudels Kern
ISBN 978-3-401-05994-5

Luca Novelli
Einstein und die Zeitmaschinen
ISBN 978-3-401-05743-9

Andreas Venzke
Luther und die Macht des Wortes
ISBN 978-3-401-06041-5

Luca Novelli
Darwin und die wahre Geschichte der Dinosaurier
ISBN 978-3-401-05742-2

Luca Novelli
Leonardo da Vinci, der Zeichner der Zukunft
ISBN 978-3-401-05940-2

Andreas Venzke
Humboldt und die wahre Entdeckung Amerikas
ISBN 978-3-401-06217-4

Andreas Venzke
Gutenberg und das Geheimnis der Schwarzen Kunst
ISBN 978-3-401-06180-1

Jeder Band:
Klappenbroschur.
www.arena-verlag.de